新版 スペイン語作文の方法

音声DL

表現編

小池 和良

SANSHUSHA

●音声ダウンロード・ストリーミング

1. PC・スマートフォンで本書の音声ページにアクセスします.
https://www.sanshusha.co.jp/np/onsei/isbn/9784384060676/
2. シリアルコード「06067」を入力.
3. 音声ダウンロード・ストリーミングをご利用いただけます.

音声について

吹込者：Luis CEBOLLADA / Yolanda FERNÁNDEZ / 久末絹代
収　録：表現 1 ～ 139 の日本語課題文およびスペイン語解答例.
（00 の数字はトラック番号）
音声をよく聞いて，スペイン語の音やリズムをしっかり身につけてください.

はじめに

本書は日本人を対象としたスペイン語作文の自習書です．既刊の『スペイン語作文の方法（構文編）』の続編になります．『構文編』では，スペイン語で文を書く際に必要な構文の知識を補強して，スペイン語での作文能力を高めることに主眼を置きました．この『表現編』ではもう一歩進んで，適切な語彙や表現を選択した上でスペイン語の文を書くことを目標にしています．前編と同様にある程度のスペイン語の学習歴がある方を対象にしていますが，初級文法の学習と並行して本書を利用されても，役に立つと思います．一人でも多くの読者が正確に自分の考えをスペイン語で表現できるようになることを願っています．

著者は長年にわたって勤務校でスペイン語作文の授業を担当しておりますが，受講生からの質問や作文例などが本書の成立に大きく寄与しています．拓殖大学スペイン語学科の卒業生および在学生のみなさん，どうもありがとう．君たちがいなければ，作文の参考書を書くことにはならなかったと思います．また，本書の執筆に際して，『構文編』に引き続きスペイン語文を母語話者の観点からチェックしてくださったConcepción Ruiz Tinoco氏とMario García-Page Sánchez氏，音声の録音にご協力いただいたLuis Cebollada氏とYolanda Fernández氏，索引の作成を含め編集の労をとってくださった広沢浩一氏に，書面を借りて心からお礼を申し上げます．

2006年夏

小池和良

新版刊行にあたって

諸般の事情により，このたび三修社から新版を刊行することになりました．表現（課題文）については変更を加えておりませんが，若干の練習問題の入れ替えを行いました．新版の刊行に向けてご尽力いただいた大野由紀尋氏と松居奈都氏に心より感謝いたします．

本書の使い方

本書の姉妹編である『スペイン語作文の方法（構文編）』では動詞を中心にして，スペイン語の基本的な165の構文を学習しました.『構文編』では，日本語をスペイン語に翻訳する際に，文法や構文の誤りのない文を作ることを目標に掲げました.『構文編』で述べたように，スペイン語の文法規則に従った構文を使わなければ，スペイン語として意味の通じる文を作ることはできません．その意味で正しい構文を習得することは不可欠です．しかし，いくら文法的に正しい構文を駆使してスペイン語を書いても，正確に自分の意図を伝えられないことがあります．文法的に正しい文を作ったのに，言いたいことがうまく言えないという経験を外国語の学習者の大半が持っているはずです．これは**語彙の選択のミスに起因**することが多いのです．文脈に応じた適切な語彙を使わなければ，日本語の意味するところは伝わりませんし，また誤解を招いたりします．外国語で作文するむずかしさは，状況に応じて適切な語彙を選択することの困難さにあります．母語の影響で誤った語を使ってしまうこともありますし，スペイン語の語のもつ意味を正しく理解していないために生じるミスもあります．ところが，適切な語彙を選定するためには，豊富な語彙力や語感が要求されるのです．しかもこれは短期間で習得できるものではありません．文法規則の数と比べたら，辞書に載っている単語は膨大な数になります．そして一つの意味だけをもつ語は意外と少なく，二つ以上の意味をもつ語（多義語）のほうが多いのです.

この『表現編』では，まず**適切な語彙を選択する**力をつけて（**第1章～第3章**），**様々な概念をスペイン語で表す**能力をつける（**第4章～第7章**）ことに主眼をおいた練習をします．そして最終章（**第8章**）ではスペイン語の**表現力を向上**させるために必要ないくつかの注意点を学びます.

さて，本書の使い方ですが,『構文編』の場合と同じく，ヒントを参考にして，なるべく辞書の助けをかりずに課題文をスペイン語に訳してみてください．そして自分の訳を解答例と比べて，ミスをチェックし，できれば課題文の解答例を音声を聞いて暗記してください．次に練習問題（合計

417 題あります）を同じ要領で訳してみてください．ただ，本書の利用法はこれだけはありません．課題文が難しいと感じる人，あるいは解説を読むのが面倒な人は，解答例の音声を繰り返し聞いてから，課題文に挑戦されてもかまいません．また，第 1 章から始めるのではなく，どの章から始めてもかまいません．ただ，**第 1 章で扱っている知識はスペイン語を書く際にとても重要です**ので，一度はじっくり読んでください．

本書の 139 の課題文は音声に収めてありますので，繰り返し聞いて，実際に声に出して音読してみてください．作文の教材に音声による音の情報をつけるのは，**耳から情報を得ることが外国語の習得には不可欠**であるという理由によります．聞き流すだけでもかまいませんから，何度も音声を聞いて 139 の課題文をスペイン語で言えるようにしてください．音読することによって，また繰り返し聞くことによって無意識のうちにスペイン語の表現が身についていくはずです．

翻訳のプロセス

単純に考えると，日本語をスペイン語に訳すには「日本文→和西群典で不明な単語を調べる→スペイン文」という手順に従えばいいようですが，そんなに話は簡単ではありません．日本語をスペイン語に訳すには

1）日本語の意味を確認する．

2）構文を決定する．

3）適切な語彙や表現を選定する．

4）性・数一致などの文法事項を確認する．

というプロセスが必要になってきます．

1）　日本語をスペイン語に翻訳する際の最初のプロセスは，日本語で書かれている内容を正確に理解するということです．言うまでもないことですが，各単語を和西辞典で調べて，それに対応するスペイン語に置き換えれば，スペイン語として理解可能な文ができ上がるわけではありません．まずその文脈における日本文の意味をよく理解してください．個々の語や語句の意味をばらばらに確認するのではなくて，文の中で用いられている意味を確認してください．この確認を怠ると正確な翻訳はできません．

2）日本語の意味を確認した後，実際の翻訳の作業に移ります．まず構文の決定です．日本語で書かれた内容を伝達するのに適切なスペイン語の構文を選択しなければなりません．『構文編』で学習した知識がこの時に役立ちます．スペイン語の構文のストックが豊富にあれば，適切な構文を選択できる可能性が高くなります．この時に元の日本語をどのように加工したら，スペイン語に訳すことができるかを考えてください．また，修飾語句を取り払って日本語で書かれた文を簡素化して検討することも必要です．

3）次のプロセスは，どのような語彙や表現を使うかということです．構文の決定と語彙の選択は密接な関係にありますので，双方の知識が増えていくと，相乗効果でスペイン語の作文能力が磨かれます．さて，適切な構文で文を作っても，語彙の選択を誤ると内容が正しく伝わりません．語彙力をふだんから養っておく必要があるのはこのためです．語彙的な誤りや発想の違いによる誤りを避けるには，スペイン語の母語話者がもっている語感や発想を獲得する必要があります．より多くの外国語の表現を覚えて，適切にそれを取り出す訓練をすることです．語彙を増やしたり語感を磨くには，スペイン語に接する時間を増やす以外に方法はありません．しかしただスペイン語を読めば進歩が望めるわけではありません．**スペイン語で書く能力を養うためには，スペイン語で書かれた文を作文の観点から観察するということが必要です．**スペイン語で書かれた文章から，作文に役立つと思われる構文・語彙・表現などを自分で拾ってまとめるということも一つの方法だと思います．また単語の意味を独立して記憶するのではなく，より大きな単位である語句に注目することも重要です．各単語がどのような語と結合するのかという語のネットワークを意識するようにしてください．語のネットワークを記憶するという意味では，短文を記憶することはとても有効な学習方法だと言えます．

4）最後にケアレスミスがないかどうか，書いたスペイン語をチェックします．動詞と前置詞の支配関係や性・数一致などの文法事項を，音読しながら確認してみましょう．音読することによって，スペイン語として不自然な語順や訳が見つかるものです．

目次

第3章　コロケーション　53

第1章

述部の選択

実際の作文の練習に入る前に，スペイン語の**単純述部**と**複合述部**についての基礎知識をまず整理しておきましょう．

スペイン語で書く際にはどのような動詞を選択するかということが常についてまわります．この時に一つの動詞にするのか，それとも動詞句にするのか，という選択にせまられるでしょう．また，動詞を選択する場合は自動詞にするのか，再帰動詞にするのか，他動詞にするのか，という問題も出てきます．（→『構文編』*p. 8–10*,「動詞の統語型」）

さて，主語と動詞はスペイン語の文の最も重要な要素です．どの要素を主語にして，どの動詞を使うかということが構文を決定することになります．名詞的な価値をもった語句だけが主語になることができるということはすでに『構文編』第2章（*p. 11*）で学習しました．**本章では動詞を核とした述部が，どのように実際の文の中で使われているかを学習します**．ここで扱う述部は統語的な文型を作る動詞だけを指しているのではなく，「**意味的なまとまりとしての動詞および動詞句**」を指しています．

1. 述部のタイプ

述部がすべて一つの動詞で構成されているのであれば，動詞の統語型をしっかり確認するだけで，スペイン語の構文上の大きな誤りは避けられます．しかし，単独の動詞が述部の意味的な核を構成しない場合があります．スペイン語には大きく分類すると単純述部と複合述部があります．そして複合述部は3種類に細分化されますので，スペイン語には以下の4種類の述部があることになります．

単純述部

a）**動詞的述部**（**動詞**のみ：例．aconsejar「忠告する・助言する」）
　　意味的な核が動詞にある．

複合述部

b）**名詞的述部**（**動詞＋名詞句**：例．dar un consejo「忠告を与える」）
　　意味的な核が名詞にある．

c）**形容詞的述部**（**動詞＋形容詞句**：例．caer enfermo「病気になる」）
　　意味的な核が形容詞にある．

d）**前置詞句述部**（**動詞＋前置詞句**：例．caer en desuso「使われなくなる」）
　　意味的な核が前置詞句を構成する名詞にある．

aconsejar（忠告する・助言する）を用いた文のように述部の意味的な核が1個の動詞で構成される述部を便宜上，**単純述部**と呼ぶことにします．

これに対して dar un consejo（忠告を与える）のように複数の語句で作られる述部を**複合述部**と呼びます．スペイン語の複合述部は〈動詞＋名詞〉の**名詞的述部**と〈動詞＋形容詞〉からなる**形容詞的述部**と，〈動詞＋前置詞句〉からなる**前置詞句述部**の3種類に分類されます．単純述部を構成する動詞には，多くの場合，3種類の複合述部のどれかが対応します．たとえば，aconsejar には dar un consejo［名詞的述部］が，enfermar（病気になる）には caer enfermo（病気になる）［形容詞的述部］が，desusarse（使われなくなる）には caer en desuso（使われなくなる）［前置詞句述部］が対応しています．

しかしこの対応はすべての動詞にあるわけではなく，場合によっては複合述部だけがあって，それに対応する動詞がないこともあります．たとえば，tomar la iniciativa（イニシアティブをとる）や tener sed（のどが渇いている）に対応する動詞はありません．また convencerse（確信する）のようにすべてのタイプの複合述部をもつ動詞もあります．また派生関係にない他の語や表現が対応している場合もあります．この例として abultar（かさばる）, tener gran tamaño（大きい）, ser grande（大きい）が挙げられます．次の図を見てください．

単純述部	複合述部		
動詞的述部	名詞的述部	形容詞的述部	前置詞句述部
aconsejar （忠告する）	dar un consejo （忠告を与える）	なし	なし
enfermar （病気になる）	contraer una enfermedad （病気にかかる）	caer enfermo （病気になる）	なし
desusarse （使われなくなる）	なし	なし	caer en desuso （使われなくなる）
なし	**tomar la iniciativa** （イニシアティブをとる）	なし	なし
なし	**tener sed** （のどが渇く）	estar sediento （のどが渇いている）	なし
convencerse （確信する）	tener el convencimiento （確信している）	estar convencido （確信している）	llegar al convencimiento （確信するに至る）
abultar （かさばる）	tener gran tamaño （大きい）	ser grande （大きい）	なし

まとまりとしての述部は，スペイン語には上に挙げた四つの選択肢があることを念頭に入れておきましょう．ある訳語の候補として動詞だけを考えるのではなく，その動詞に意味的に対応する動詞句があるかないかを考える習慣をつけてください．たとえば「批判する」の訳語として criticar と hacer una crítica が候補として考えられます．

2. 単純述部と複合述部の使い分け

さて次に，日本語をスペイン語に翻訳する際に，**「単純述部と複合述部をどのように使い分けるか」**を考えてみましょう．

2.1. 意味の相違

意味的な観点から単純述部と複合述部を比較すると，双方は類似した意味を示すものの，意味が同じであるとは言い切れません．aconsejar（忠告する）と dar un consejo（忠告を与える）ではあまり大きな意味的な差異は感じられませんが，それでも全く同じ意味ではありません．

前頁で取り上げた動詞 convencerse（確信する）を例にとって，これと対応する複合述部の意味の違いを考えてみましょう．次の例からわかるように，それぞれ微妙に意味が違っています．単に「確信する」と言いたい場合は convencerse で訳せますが，「確信している」という状態を示す場合は tener el convencimiento や estar convencido を使わなければなりません．そして「確信するに至る」は llegar al convencimiento になるわけです．

Me he convencido de que vendrá.　［動詞的述部］
（私は彼がやって来ると**確信した**）

Tengo el firme **convencimiento** de que vendrá.　［名詞的述部］
（私は彼がやって来ると**固く信じている**）

Estoy convencido de que vendrá.　［形容詞的述部］
（私は彼がやって来ると**確信している**）

He llegado al convencimiento de que vendrá.　［前置詞句述部］
（私は彼がやって来ると**確信するに至った**）

もう一つ例を挙げましょう．「警察は誘拐犯を**捜索中である**」の「捜索中」はどの語句を使えるでしょうか．候補として動詞 buscar と動詞句 estar a la búsqueda de［前置詞句述部］が考えられます．前者が単に「誰かを探している」のに対して，後者は「誰かを捜索している」というより具体的な意味を示します．したがって，ここでは後者を使って訳したほうがよいでしょう．

La policía **está a la búsqueda de**l autor del secuestro.

2.2. 構造の相違

文の構造の観点から考えると，単純述部と複合述部は顕著な違いがあります．

Pedro *aconsejó* a Marta.　［主語＋動詞＋直接補語］
（ペドロはマルタに忠告した）

Pedro *dio un consejo* a Marta.　［主語＋動詞＋直接補語＋間接補語］
（ペドロはマルタに忠告を与えた）

文の要素から見ると上の文は〈主語＋他動詞＋直接補語〉の構造ですが，下の文は〈主語＋他動詞＋直接補語＋間接補語〉の構造になっています（→『構文編』*p.4* および *p.9*）．意味的には大きな相違はないのに，文の構造は異なっているわけです．上の文で忠告した内容まで言及すると，構文はまた変わってきます．

Pedro　le *aconsejó*　a Marta　que estudiara la lección.
［主語］　［動詞］　［間接補語］　［直接補語］
（ペドロはマルタにその課を勉強するよう忠告した）

Pedro　*dio*　a Marta　*el consejo* de que estudiara la lección.
［主語］［動詞］［間接補語］　［直接補語］
（ペドロはマルタにその課を勉強するよう忠告を与えた）

2.3. 修飾形式の違い

単純述部と複合述部では修飾形式に違いがあります．たとえば，criticar（批判する）は hacer una crítica（批判をする）とほぼ同じ意味ですが，修飾形式に違いが生じます．criticar は動詞ですから副詞で修飾することができます．一方 hacer una crítica の crítica は名詞ですから形容詞で修飾するわけです．つまり，「厳しく批判する」は criticar duramente に，「厳しい批判をする」は hacer una dura crítica という形になるわけです．

さて，修飾語が一つしかない場合は，どちらの述部を使っても文を作ることができますが，「その経済学者は国の経済政策に対する**厳しい批判をおおやけにした**」をスペイン語に訳す場合は，修飾語が二つあるので複合述部を使います．

El economista **hizo públicamente una dura crítica** a la política económica del país.

動詞だけからなる単純述部は修飾の可能性が副詞（句）だけであるのに対して，名詞的述部では構成要素が動詞と名詞ですから，このように副詞（públicamente）と形容詞（dura）による修飾が可能になるわけです．

場合によっては，修飾形式の違いからどちらか一方の述部しか使えないことがあります．たとえば，「雨が降る」に対応するスペイン語は llover と caer la lluvia ですが，「昨日の関東地方に**降った雨は**大きな被害をもたらした」をスペイン語に訳す場合は，「雨」という名詞（lluvia）を主語にして，「降った」にあたる動詞 caer を使わなくては訳すことができませんので，複合述部を使うことになります．

La **lluvia** que **cayó** ayer en la región de Kanto ocasionó grandes daños.

なお，caer la lluvia は，〈主語＋動詞〉の構造になっている点に注意してください．

2.4. 文体的な変化

複合述部では文体的なニュアンスをつけることができます．たとえば hacer una pregunta（質問をする）は中立的な表現ですが，formular una pregunta（質問を行う）は改まった言い方になります．同様に．hacer una reclamación（クレームをつける）より formular una reclamación（クレームを申し入れる）のほうが，tener esperanzas（希望を持つ）より abrigar esperanzas（希望を抱く）のほうが文語的な表現になります．

＊　＊　＊

さて，スペイン語の述部のタイプについて概観してきましたが，スペイン語で書く場合には複数の述部の中からどのタイプのものが適切であるかを考える習慣をつけてください．**ある動詞が候補に浮かんだ場合は，派生関係にある名詞と形容詞をチェックするようにしましょう**．たとえば動詞 creer（信じる）には派生名詞の creencia（確信）があります．creer は動詞ですから単独で述部になりますが，creencia は他の動詞と結合して複合述部を作ります．どの動詞が使われるかは辞書などで調べる必要があります．**この際に重要なことは，どのような構文で述部を作るかということです**．単独の動詞の場合は自動詞なのか他動詞なのか，あるは再帰動詞なのか，また前置詞が必要なのかどうか，従属節をとる場合は直説法なのか接続法なのかという文法事項を確認しなければなりません．これについては『構文編』第1章～第3章で詳しく扱いました．複合述部についても同じことが言えます．以上のことを考慮すると，creer, creencia の場合は次の述部があることが確認できるはずです．

creer en ～ （～を信じる）
creer que ＋直説法 （～と思う）
estar en la creencia de que ＋直説法 （～を確信している）
tener la creencia de que ＋直説法 （～という確信を持っている）

派生語の関係にある語でも，このような述部で使われる場合は同じ意味で使われていませんから，この中から適切なものを選択しなければなりません．

問題

「心配する・している」はどのような述部が考えられるか，preocupar（心配させる）を手掛かりにいくつかの述部を見つけなさい．

解答

preocuparse por/de ～ （～を心配する）

El padre **se preocupa por** su hija.
（父親は娘**のことを心配する**）

estar preocupado por/de ～ （～を心配している）

El padre **está preocupado por** su hija.
（父親は娘**のことを心配している**）

tener preocupación por ～ （～を心配している）

El padre **tiene mucha preocupación por** la educación de su hija.
（父親は娘の教育**のことをとても心配している**）

preocupar は他動詞で「心配させる」という意味なので，再帰形で「心配する」という意味になります．派生語としては preocupación, preocupado, preocupante がありますので，これらを手掛かりに結合する動詞を探します．もちろん，preocupar は上に示した例だけで使われるわけではありません．他動詞として次のような構文も可能です．

Al padre le **preocupa** la educación de su hija.

（父親は娘の教育のこと**が心配です**←娘の教育が父親**を心配**させる）

第2章

複合述部

第1章で述べたように，スペイン語には次の3種類の複合述部があります．

a）**名詞的述部**　（**動詞** + **名詞**：例．dar un consejo）

b）**形容詞的述部**　（**動詞** + **形容詞**：例．caer enfermo）

c）**前置詞句述部**　（**動詞** + **前置詞句**：例．caer en desuso）

動詞の場合は単独で述部（単純述部）を形成できます．しかし名詞や形容詞が複合述部を作る場合は，これらを動詞的な表現にするための補助的な動詞(句)が必要になります．この補助的な役割を果たす動詞と名詞や形容詞の結びつきに相性がありますので，それをしっかり覚えておかなければなりません．**本章では名詞や形容詞がどのような動詞と結合して複合述部を作るのか，そしてどのような日本語の表現を複合述部で訳すことができるのかを学習します．**

01 表現1

1. 名詞的述部

表現1　（〜に）呼びかける［〈hacer ＋名詞句〉］

選挙管理委員会は有権者に投票するよう呼びかけている.

ヒント 選挙管理委員会 el comité electoral　投票する→投票に行く acudir a las urnas　有権者に呼びかける hacer un llamamiento a los electores

解説

▶ hacer は「する」という意味の最も一般的な動詞であり，動作を示す多くの名詞と結びついて名詞的述部を作ります．また hacer と結合する名詞は，他の動詞と述部を作ることもあります．この場合は意味が特定化して文体的な変化も出てきます．たとえば hacer una pregunta（質問をする）を formular una pregunta にする，改まった言い方になります．

▶ hacer un llamamiento の llamamiento は複数形になったり，修飾語句をとることもあります．たとえば「国民に冷静になるよう呼びかける」は，hacer llamamientos de calma al pueblo と言います．

解答例

El comité electoral **hace un llamamiento a** los electores para que acudan a las urnas.

練習問題

1）その経済学者は国の税制改革（la reforma fiscal）を激しく批判した（criticar duramente, hacer una dura crítica）.

2）私の両親は金婚式（las bodas de oro）のお祝いに贅沢な京都旅行をした（hacer un viaje de lujo a 〜）.

3）輸血用の血液不足（la falta de sangre para transfusiones）のため，市立病院（el hospital municipal）は市民に献血（donar sangre）を呼びかけている.

◆〈hacer＋名詞句〉の述部

hacer alusión a ～ （～に言及する）（aludir a ～）
hacer mención de ～ （～に言及する）（mencionar ～）
hacer una aclaración de ～ （～を明らかにする）（aclarar ～）
hacer una declaración （声明を出す）（declarar）
hacer una reclamación （クレームをつける）（reclamar）
hacer una demostración de ～ （～の実演をする）
hacer [lanzar] una advertencia a ～ （～に警告を出す）
hacer una crítica a ～ （～を批判をする）（criticar ～）
hacer un viaje a ～ （～へ旅行をする・移動する）（viajar a ～）
hacer una excursión a ～ （～へ小旅行をする）
hacer [realizar] una visita a ～ （～を訪問する）（visitar）
hacer alarde de ～ （～を誇示する・ひけらかす）（alardear de ～）
hacer un boicot [un boicoteo] （ボイコットする）（boicotear）
hacer una reverencia （お辞儀をする）
hacer [realizar] un aterrizaje （着陸する）（aterrizar）

El ministro de Asuntos Exteriores **hizo mención de** [**mencionó**] las relaciones diplomáticas con Corea del Sur.
（外務大臣は韓国との外交関係に**言及した**）

La Unión Europea **hizo una declaración** en contra de las represalias militares norteamericanas contra Irak.
（欧州連合は米国のイラクに対する軍事的報復に反対の**声明を出した**）

El primer ministro **realizó una visita oficial** a México.
（首相はメキシコを**公式訪問した**）

El avión **hizo un aterrizaje de emergencia**.
（飛行機は**緊急着陸した**）

El accidente se produjo cuando el avión **realizaba un segundo intento de aterrizaje**.
（事故は飛行機が**2度目の着陸を試みた**ときに起きた）

表現2 （～を）最優先する［〈dar ＋名詞句〉］

食品安全基本法は国民の健康の保護を最優先している.

ヒント 食品安全基本法 la Ley Básica de Seguridad Alimentaria　国民の健康を保護する　proteger la salud de la población［del pueblo］　～を最優先にする dar［conceder］la mayor prioridad a ～

解説

▶スペイン語の dar も名詞的な複合述部を作る代表的な動詞です．dar un paseo（散歩をする），dar un bostezo（あくびをする），dar comienzo（始まる）のように自動詞的な意味を示すものと，dar orden de（命令をする），dar un beso a（キスをする）のように他動詞的な意味をもつものに大別できます．

▶課題文の「～を最優先する」は dar prioridad a ～ の名詞部分を最上級にして dar la mayor prioridad a ～ とします．

解答例

La Ley Básica de Seguridad Alimentaria **da［concede］la mayor prioridad a** proteger la salud de la población.

練習問題

1）母親が帰宅したとき，子供たちはベッドの上で跳びはねて（dar brincos）いた．

2）先生は怒ってドアをバタンと閉めて（dar un portazo）教室から出ていった．

3）私は報道の自由（la libertad de prensa）よりも個人のプライバシー（la intimidad personal）を重視すべきだと（dar mayor importancia a ～）思います．

◆〈dar ＋名詞句〉の述部

自動詞的な意味をもつ述部

dar un brinco [brincos]　（ぴょんぴょん跳びはねる）（brincar）
dar un bostezo　（あくびをする）（bostezar）
dar ronquidos　（いびきをかく）（roncar）
dar un ladrido [ladridos]　（[犬が] ほえる）（ladrar）
dar un maullido [maullidos]　（[猫が] ニャーニャー鳴く）（maullar）
dar un relincho　（[馬が] いななく）（relinchar）
dar un paseo por ～　（～を散歩をする）（pasear por ～）
dar comienzo　（始まる）（comenzar）

他動詞的な意味をもつ述部

dar orden de ～　（～という命令を与える）（ordenar）
dar prioridad a ～　（～を優先する）（priorizar）
dar un aviso a ～　（～に注意・警告する）（avisar）
dar un abrazo a ～　（～を抱きしめる）（abrazar）
dar un beso a ～　（～にキスをする）（besar）
dar una bofetada a ～　（～に平手打ちをくらわす）（abofetear）
dar alcance a ～　（～に追いつく）（alcanzar）
dar aprobación a ～　（～に承認する）（aprobar）
dar [conceder] importancia a ～　（～を重視する）
dar su apoyo [respaldo] a la política del gobierno
（政府の政策を支持する）（apoyar la política del gobierno）

表現3 （～より）優先される［〈tener＋名詞句〉］

テニスコートの予約では市民が一般の人より優先される.

ヒント テニスコート la pista de tenis　～より優先される tener prioridad［preferencia］sobre ～　市民 los vecinos del municipio　一般の人 el público en general

---

解説

▶ tener も数多くの名詞と結合して様々な名詞的述部を作ります．課題文の「優先される」も tener を使った述部で訳すことができます．「A より B を優先する」は dar más prioridad a B que a A と dar を使いますが，「B は A より優先される」は tener を使って B tiene prioridad sobre A となります．〈tener＋名詞〉の述部の例をいくつか挙げておきます．

tener ventaja sobre ～　（～より有利である）
tener prestigio　（評判が高い）
tener influencia　（影響力がある）

解答例

Los vecinos del municipio **tienen prioridad sobre** el público en general para reservar las pistas de tenis.

練習問題

1）戦争では軍事力のある（tener poder militar）国がない国より有利である（tener ventaja）.

2）彼は財界（círculos financieros）で大きな影響力を持っている（tener gran influencia）.

3）ピカソ（Picasso）の作品は世界的に評判が高い（tener prestigio）.

表現4 手腕にたけている［〈tener ＋名詞句〉］

その政治家は大衆を説得する手腕にたけている.

ヒント 大衆を説得する convencer al público　～する手腕にたけている tener gran habilidad para ～

解説

▶ tener は能力や性質を示す語と結合して以下のような複合述部を作ります.

tener habilidad para ～	（～する技量・能力がある）
tener talento/aptitud para ～	（～する才能がある）
tener facilidad para ～	（簡単に～する・～の才がある）
tener capacidad para ～	（～の能力がある・収容能力がある）
tener aplomo	（落ち着きがある）
tener audacia	（大胆である）
tener atractivo	（魅力がある）
tener curiosidad por ～	（～に好奇心がある）
tener debilidad por ～	（～に弱みがある）
tener interés por ～	（～に興味がある）

解答例

Ese político **tiene una gran habilidad para** convencer al público.

練習問題

1）彼女は語学の才能にとても恵まれている（tener facilidad para los idiomas）.

2）フアンは女性にとても弱い.（tener debilidad por ～ を使って）

3）我が社にはこの観光プロジェクトに出資する財力はない.
（tener capacidad financiera を使って）

表現5 高所恐怖症である［〈tener＋名詞句〉］

私の母は高所恐怖症なので東京タワーに上ろうとしない．

ヒント 高所恐怖症である tener acrofobia, tener miedo a las alturas
東京タワー la Torre de Tokio

解説

▶スペイン語で「私は寒い」は〈Tengo frío.〉と言いますが，これも名詞的な複合述部です．スペイン語には「寒い」を意味する単独の動詞はありませんので，〈動詞＋名詞〉の複合述部を使うわけです．このように tener は状態を示す語と結びつきますが，他の意味の名詞とも結合します．課題文の「高所恐怖症である」も tener を使います．

▶〈tener＋名詞〉は〈estar con＋名詞〉または〈estar＋形容詞〉と対応している場合があります．次の例を見てください．

Tengo catarro.　（私は風邪を引いている）
Estoy con catarro.　（私は風邪を引いている）
Estoy acatarrado.　（私は風邪を引いている）

これらの述部と再帰動詞の acatarrarse（風邪を引く）とのニュアンスの違いに注意してください．

解答例

Mi madre no quiere subir a la Torre de Tokio porque **tiene acrofobia**［**tiene miedo a las alturas**］.

練習問題

1）誰に対しても羨望の念を抱かないということはむずかしいことです．（tener envidia de 〜 を使って）

2）パスワード（la contraseña）を求めるメールを受け取ったときは，フィッシング（el *phishing*）に注意しなさい．

3）二日酔い（tener resaca）のときは水分をたくさんとることです．

表現6 （～する）責務がある［〈tener ＋名詞句〉］

海上保安庁には日本の沿岸における治安を監視する責務がある.

ヒント 海上保安庁 la Agencia de Seguridad Marítima　～する責務がある tener la responsabilidad de ＋不定詞句　治安を監視する velar por la seguridad

解説

▶不定詞句を補語にとる〈tener ＋名詞句＋前置詞＋不定詞句〉の述部を覚えましょう.「～する責務がある」「～する義務がある」などはこのタイプの述部で訳すことができます.

tener la obligación de ＋不定詞句　（～する義務がある）
tener la misión de ＋不定詞句　（～する使命がある）
tener la costumbre de ＋不定詞句　（～する習慣がある）
tener tendencia a ＋不定詞句　（～する傾向がある）
tener derecho a ＋不定詞句　（～する権利がある）
tener la amabilidad de ＋不定詞句　（親切に～してくれる）
tener el acierto de ＋不定詞句　（上手に～する）
tener la inteligencia de ＋不定詞句　（巧みに～する）
tener la habilidad de ＋不定詞句　（上手に～する・うまく～する）

解答例

La Agencia de Seguridad Marítima **tiene la responsabilidad de** velar por la seguridad en las zonas costeras de Japón.

練習問題

1）大臣は記者会見（la rueda de prensa）でジャーナリストの質問を巧みにかわす.

2）私の娘は間食をするという悪い習慣がある.
（tener la mala costumbre de ～ を使って）

3）社長は親切にも私をご自宅に招いてくれた.
（tener la amabilidad de ～ を使って）

表現7 全盛を迎える［〈tener su ＋名詞〉］

浮世絵は江戸時代に全盛を迎えた.

ヒント 浮世絵 el ukiyo-e, la estampa japonesa　江戸時代 la época de Edo
全盛を迎える tener su apogeo［auge, esplendor］, alcanzar su apogeo［auge, esplendor］

解説

▶〈tener su ＋名詞〉の構造をもつ述部があります. 使われる名詞には制限があります.

▶ origen, inicio, causa, reflejo, apogeo, auge, esplendor などがこのタイプの述部を作ります. たとえば tener su origen en ～ は「～に端を発する」という意味を表します. 課題文の「全盛を迎える」は tener su apogeo, tener su auge または tener su esplendor で訳すことができます.

▶所有詞の su は主語の el ukiyo-e を指しています. この述部の主語に1人称や2人称の人がくることはないので, 所有詞は3人称の su で固定しています.

解答例

El ukiyo-e **tuvo su apogeo［auge, esplendor］** durante la época de Edo.

練習問題

1）アルゼンチンタンゴの発祥の地はブエノスアイレスのボカ地区（el barrio de La Boca）です.（tener su origen を使って）

2）日本の自動車の生産は1935年に年産1,000台で始まった.（tener su inicio を使って）

3）デフレ（la deflación）の影響は物価（los precios）の下落と賃金の減少に現われている.（tener su reflejo を使って）

◆**〈tener su ＋名詞〉の述部**

tener su inicio en ～（～に始まる）

La enfermedad por nuevo coronavirus（COVID-19）**tuvo su inicio en** China.

（新型コロナウイルス感染症（COVID-19）は中国**から始まった**）

tener su origen en ～（～に端を発する・～に原因がある）

La religión musulmana **tuvo su origen en** la Mecca.

（イスラム教の**発祥の地は**メッカです）

El rechazo de los vecinos a la central nuclear **tiene su origen en** el accidente nuclear ocurrido en 2011.

（住民の原発離れは2011年に起きた原発事故**に端を発している**）

tener su foco en ～（～に端を発する）

Los conflictos **tienen su foco en** la huelga indefinida de los pilotos.

（紛争はパイロットたちの無期限スト**に端を発している**）

tener su reflejo en ～（～に反映している）

La depreciación del yen **tiene su reflejo en** la pérdida de poder adquisitivo de los japoneses.

（円安は日本人の購買力の低下**に現れている**）

tener su causa en ～（～に原因がある）

La obesidad **tiene su causa en** malos hábitos alimenticios.

（肥満は悪い食習慣**に原因がある**）

08 表現8

表現8　用心する［〈tomar ＋名詞句〉］

炎天下で運動をするときは熱中症にかからないように用心しなければなりません.

ヒント 炎天下で a pleno sol　運動をする hacer ejercicio　熱中症にかかる sufrir un golpe de calor　用心する tomar precauciones
～しなければならない →*p. 88*

解説

▶〈tomar ＋名詞句〉の述部を見ていきましょう. この場合も, どの名詞と結合するかに注意してください.

▶ cuidado は tener と, precaución は tomar とそれぞれ結びつきます. このように類義語によっては結合する動詞が違いますので注意が必要です.

解答例

Cuando hacemos ejercicio a pleno sol, hay que **tomar precauciones** para no sufrir un golpe de calor.

練習問題

1）先月, 鈴木氏は医学部（la Facultad de Medicina）の学部長（el decano）に就任した（tomar posesión de ～）.

2）大臣は年内に職員の削減を行う（reducir el número de funcionarios）決断を下した（tomar la decisión de ～）.

3）彼らは率先して日本人の海外居住者（residentes en el extranjero）の選挙権獲得のための署名集め（reunir firmas）をはじめた.（tomar la iniciativa de ～ を使って）

◆〈**tomar ＋名詞句**〉の述部

tomar la iniciativa（イニシアティブをとる）

A ella le gusta **tomar la iniciativa** en cualquier situación.
（彼女はどんな状況でも**イニシアティブをとる**のが好きだ）

tomar la salida（スタートする・スタートを切る）

Los corredores del maratón **tomaron la salida** a la una en punto.
（マラソンの選手たちは1時ちょうどに**スタートした**）

tomar posesión como ～（～に就任する）

En marzo de 2013 Haruhiko Kuroda **tomó posesión como** gobernador del Banco de Japón.
（黒田東彦氏は2013年3月に日銀の総裁**に就任した**）

tomar/adoptar una decisión（決断を下す）

El presidente **ha tomado una decisión acertada sobre** la reforma de las pensiones.
（大統領は年金改革に関して**的確な決断を下した**）

El Gobierno de Japón **adoptó** en 2003 **la histórica decisión de** enviar un contingente militar de autodefensa al extranjero.
（日本政府は2003年に海外に自衛隊の分隊を派遣するという**歴史的な決断を下した**）

表現9 生活を営む［〈llevar ＋名詞句〉］

グローバリゼーションによって人々は画一的で西欧化された生活を営むようになった.

ヒント グローバリゼーション la globalización　画一的な生活を営む llevar una vida uniforme

---

解説

▶ llevar も名詞的な複合述部を作る動詞の一つです.

▶ llevar una vida（生活を営む・送る）は修飾語句をつけて使います.

llevar una vida **sencilla**　（**質素な**生活をする）

llevar una vida **irregular**　（**不規則な**生活をする）

llevar una vida **sana**　（**健康的な**生活をする）

▶課題文の「画一的で西欧化された生活を営む」も llevar una vida に修飾語をつけて（uniforme y occidentalizada）訳すことができます.

▶ llevarse は susto（驚き）や decepción（落胆）などの感情を示す語と複合述部を形成します. （→*p. 105–107*,「喜怒哀楽の表現」）

解答例

La globalización ha hecho que la gente **lleve una vida** uniforme y occidentalizada.

練習問題

1）サッカーの試合では地元チーム（el equipo local）が有利である（llevar ventaja）.

2）観光協会（la asociación de turismo）がこの地域の観光に関する統計データ（los datos estadísticos）を管理をしている（llevar el control de ～）.

3）台風（el tifón）の影響で55便（el vuelo 55）は2時間遅れている.

◆〈lleva +名詞句〉の述部

llevar retraso（遅れている）

llevar［tener］prisa（急いでいる）

llevar ventaja（有利である）

llevar descuento（割引されている）

llevar luto（喪に服している）

llevar el control de ～（～を管理している）

llevar la dirección de ～（～を指揮する・指導する）

llevar el negocio（商売をする）

llevar la cuenta de ～（～を数える・勘定する）

No **llevo la cuenta de** las copas que me he bebido esta noche.
（今晩何杯飲んだか**数えて**いない）

llevar una investigación（調査・捜査をしている）

10 表現10

表現10 全精力を注ぐ［〈poner ＋名詞句〉］

日本代表チームは次回のワールドカップの出場権を得るために全精力を注いでいる.

ヒント 日本代表チーム la selección japonesa　ワールドカップの出場権を得る clasificarse para la Copa Mundial　～に精力を注ぐ poner empeño en ～

解説

- poner も名詞的述部を作る動詞の代表的な動詞の一つです.
- poner empeño en ～ の名詞 empeño には修飾語句をつけることができます．たとえば「～に特に精力を注ぐ」は poner especial empeño en ～ とします．課題文の「全精力を注ぐ」は poner todo su empeño とすればよいでしょう.

解答例

La selección japonesa **pone todo su empeño en** clasificarse para la próxima Copa Mundial.

練習問題

1）日本はメキシコからのいくつかの農産物（productos agrícolas）の輸入に制限を課している．（poner［imponer］restricciones a ～ を使って）

2）その国境の町は，麻薬の密売（el tráfico de drogas）との戦いに全精力を注いでいる．（poner todo su empeño en ～ を使って）

3）毎朝私の父はネクタイを選ぶのに特に気を配る．
（poner especial esmero en ～ を使って）

◆〈poner ＋名詞句〉の述部

poner cuidado en ～ （～に注意を払う・配慮する）
poner empeño en ～ （～に精力を注ぐ）
poner esmero en ～ （～に細心の注意を払う）
poner afán en ～ （～に熱意を注ぐ）
poner［imponer］restricciones a ～ （～に制限を課す）
poner［imponer］condiciones ～ （～に条件を課す）
poner objeción［objeciones］a ～ （～に異論を唱える）
poner reparos a ～ （～に難癖をつける）
poner énfasis en ～ （～を強調する・～に力点を置く）
poner el nombre de ～ （～という名前をつける）
poner una conferencia a ～ （～へ市外通話をかける）
poner［imponer］una multa a ～ （～へ罰金を課す）
poner［imponer］una sanción a ～ （～へ制裁を加える）
poner un pretexto （口実をもうける）
poner un ejemplo （例を挙げる）

表現11 確証がある（ない）［〈haber ＋名詞句〉］

専門家によれば，鳥インフルエンザの人間への感染の確証はない．

ヒント 鳥インフルエンザ la gripe del pollo, la gripe aviar
人間への感染 la transmisión humana, el contagio humano
～の確証がある hay evidencia de ～

解説

▶〈haber ＋名詞句〉の述部の特徴は，名詞句に定冠詞がつかないことです．また haber は文法的な主語がありませんので，常に3人称単数形（直説法現在では hay）で活用します．

▶課題文の「確証がない」には haber の否定形を使います．

解答例

Según los expertos, **no hay evidencia de transmisión humana** de la gripe del pollo.

練習問題

1）日本には豊富な建設用地（suelo edificable）がないので，土地と住宅の値段が高いのです．（haber abundancia de ～ を使って）

2）酸素（el oxígeno）が不足すると不完全燃焼（la combustión incompleta）が生じる．

3）メキシコではトウモロコシ（el maíz）の消費がとても多い（haber un gran consumo de ～）.

◆**〈haber ＋名詞句〉の述部**

haber evidencia de ～ （～の確証がある）

haber escasez de ～ （～が不足している）

haber abundancia de ～ （～が豊富にある）

haber relación entre A y B （A と B の間に関連がある）

haber una relación estrecha entre A y B
（A と B の間に緊密な関連がある）

haber (una) contradicción entre A y B （A と B の間に矛盾がある）

haber un gran consumo de ～ （～が大量に消費される）

haber peligro de ～ （～の危険がある）

Hay peligro de pérdida de puestos de trabajo en el sector turístico. （観光部門で雇用が失われる**危険がある**）

haber necesidad de ＋不定詞句 （～する必要がある）

El partido gubernamental insiste en que **hay necesidad de** reformar la Constitución.
（与党は憲法を改正する**必要がある**と主張している）

12 表現12

表現12 衝撃を与える

2004年の美浜原発の事故は地域の住民に大きな衝撃を与えた.

ヒント 原発→原子力発電所 la central nuclear　地域の住民 los vecinos [habitantes] de la zona　～に大きな衝撃を与える causar una gran conmoción entre/en ～

解説

▶使役的な意味（～させる）を示す複合述部もあります．causar, provocar, producir, ocasionar, ejercer などの動詞がこのタイプの述部を作ります．名詞によって使える動詞が変わるので辞書で確認するようにしましょう．課題文の「大きな衝撃を与える」は名詞 conmoción と causar を使って訳すことができます．動詞 conmocionar を使うと mucho などの副詞で動詞を修飾することになります．

causar admiración [asombro]　（驚かせる）
causar impresión a ～　（～に印象を与える）
ejercer presión sobre ～　（～に圧力・プレッシャーをかける）

解答例

El accidente producido en 2004 en la central nuclear de Mihama **causó una gran conmoción entre** los vecinos de la zona.

練習問題

1）電子機器が発する（emitir）電磁波（las ondas electromagnéticas）が健康に害を及ぼす（causar efectos perjudiciales）と言われている．
2）彼の発明は世界を驚かせた（causar un gran asombro）．
3）その政治評論家（el comentarista político）の意見は世論（la opinión pública）に大きな影響を与える（ejercer una gran influencia sobre ～）．

表現13 ざっと目を通す［〈echar＋名詞句〉］

今朝は時間がなかったので，新聞の一面に**ざっと目を通した**だけです．

ヒント ～にざっと目を通す echar una ojeada a ～　新聞の一面 la primera página del periódico

解説

▶ echar は ojeada, mirada, vistazo と結合して複合述部 echar una ojeada / una mirada / un vistazo（ちらりと見る）を作ります．いくつか〈echar＋名詞句〉の述部を挙げておきます．

echar una bronca a ～　（～をひどく叱る）
echar una reprimenda a ～　（～を叱る・叱責する）
echar un sermón a ～　（～にお説教する）
echar la culpa a ～　（～のせいにする）
echar raíces en ～　（～に根を下ろす）

解答例

Como no tenía tiempo esta mañana, solo **eché una ojeada a** la primera página del periódico.

練習問題

1）春になるとたくさんの草木が芽を出し始める（echar brotes）.
2）彼は自分のミスをいつも他人のせいにする.
3）この幼稚園（el jardín de infancia）の子供たちは昼食後に昼寝をする（echarse la siesta）.

表現14 発展をとげる［〈experimentar＋名詞句〉］

通信技術はここ10年間でめざましい発展をとげた.

ヒント 通信技術 la tecnología de la telecomunicación　ここ10年間で en los últimos diez años→*p. 163*　めざましい発展をとげる experimentar un espectacular avance［desarrollo］

解説

▶「上昇する」「下落する」「増加する」「減少する」「発展する」「悪化する」などを意味する単一の動詞はありますが,「大幅に上昇した」「激減した」などの場合は〈experimentar＋名詞句〉の複合述部にすると，うまく訳すことができます.

China **ha experimentado un fuerte crecimiento** de sus exportaciones en los últimos años.（中国は近年，輸出を**大幅に延ばした**）

▶課題文の「発展をとげる」は「めざましい」という修飾語がついていますから，experimentar un avance［desarrollo］に形容詞をつけて訳します．動詞 avanzar を使って avanzar espectacularmente と訳すこともできます（解答例2）.

解答例

1. La tecnología de la telecomunicación **ha experimentado un espectacular avance** en los últimos diez años.
2. La tecnología de la telecomunicación **ha avanzado espectacularmente** en los últimos diez años.

練習問題

1）個人消費が先月（durante el pasado mes →*p. 163*）大きく伸びた（experimentar un incremento →*p. 156*）.

2）日経平均株価（el índice Nikkei）は昨日，大幅に下落した（experimentar［sufrir］una importante caída）.

3）マドリードの地下鉄の路線は近年大幅に増えた（→*p.156*）.

◆〈experimentar ＋名詞句〉の述部

experimentar un fuerte crecimiento [incremento, aumento]	（大きく増加・上昇する）
experimentar un incremento espectacular	（大幅に増加する）
experimentar un ligero crecimiento	（わずかに増加する）
experimentar un aumento del 10%	（10パーセント増加する）
experimentar una subida	（上昇する）
experimentar una caída	（下落する）
experimentar un descenso	（下落・下降する）
experimentar un bajón	（暴落する）
experimentar un avance	（前進・進歩する）
experimentar un retroceso	（後退する）
experimentar un empeoramiento	（悪化する）
experimentar un estancamiento	（停滞する）
experimentar un progreso	（進歩をとげる）
experimentar un desarrollo	（発展をとげる）
experimentar un cambio brusco	（急激な変化をする）
experimentar un escalofrío	（ぞっとする）
experimentar una mejora	（改善される）
experimentar una ganancia	（利益を得る）
experimentar una pérdida	（損失をこうむる）

表現15 火災に遭う［〈sufrir ＋名詞句〉］

金閣寺は1950年に火災に遭った.

ヒント 金閣寺 el templo Kinkaku　　火災に遭う sufrir un incendio

解説

▶ sufrir は原義が「(害などを) こうむる」という意味ですので，否定的な意味の述部を作ります．いくつか例を挙げておきます．

sufrir un accidente de tráfico （交通事故に遭う）
sufrir un atentado terrorista （テロに遭う）
sufrir un esguince en la rodilla izquierda （左膝を捻挫する）
sufrir un retraso de dos horas （2時間遅れる）

▶ sufrir は experimentar と同じく増減を示す名詞とも結合します．

El precio del kilo de carne bovina **ha sufrido un incremento** de cien yenes.（牛肉の価格が1キロ100円**上がった**）

▶「火災に遭う」は sufrir を使って sufrir un incendio と言うことができます（解答例1）．また，incendiarse（火事になる）という動詞で訳すこともできます（解答例2）．

解答例

1. El templo Kinkaku **sufrió un incendio** en 1950.
2. El templo Kinkaku **se incendió** en 1950.

練習問題

1）新潟は2004年に大地震に遭った（sufrir un terremoto）.

2）ポイント故障（la avería de las agujas）のため中央線は1時間遅れた（sufrir un retraso）.

3）彼は昨日の親善試合（el partido amistoso）で左のくるぶし（el tobillo izquierdo）を捻挫した（sufrir un esguince）．

表現16 （～から）独立する

赤道ギニアは1968年にスペインから独立した.

ヒント 赤道ギニア Guinea Ecuatorial　～から独立する independizarse de ～, conseguir［obtener］su independencia de ～

解説

▶「独立する」は動詞 independizarse か, 複合述部 conseguir su independencia で訳すことができます. 後者の場合は obtener も使えます.

▶「独立を宣言する」を翻訳する場合は, 単一の動詞はありませんので動詞句 declarar/proclamar su independencia にします.

解答例

1. Guinea Ecuatorial **se independizó de** España en 1968.
2. Guinea Ecuatorial **consiguió su independencia de** España en 1968.

練習問題

1）大部分のアフリカ諸国は1950年代から1960年代にかけて（→*p. 160*）独立を達成した（conseguir su independencia）.

2）女子サッカーの日本代表（la selección japonesa de fútbol femenino）は2004年のオリンピックで初勝利を収めた（conseguir su primera victoria）.

3）アルゼンチンの大統領は昨日, 議会（el Parlamento）に辞表を提出した（presentar la dimisión）.

17 表現17

表現17 延期される

大統領の病気のため，大統領との会見は延期された.

ヒント 会見 la entrevista　延期する aplazar　延期される ser aplazado, sufrir un aplazamiento

---

解説

▶スペイン語には〈ser + 過去分詞〉の受身と再帰代名詞による再帰受身の2種類の受動態があります（→『構文編』構文125/126）．また語彙的な手段で受動的内容を表現することもできます．「延期された」は〈ser + 過去分詞〉を使って訳すこともできますし（解答例2），動詞 sufrir を使って言うこともできます（解答例1）．あるいは han aplazado la reunión のように不特定の主語を示す構文を使うこともできます（解答例3）.

▶受動的な述部を作る動詞には sufrir, recibir, tener, obtener などがあります.

解答例

1. La entrevista con el presidente **ha sufrido un aplazamiento** debido a su enfermedad.
2. La entrevista con el presidente **ha sido aplazada** debido a [...].
3. **Han aplazado** la entrevista con el presidente debido a [...].

練習問題

1）芥川賞（el Premio Akutagawa）を受賞した小説は若者たちに大歓迎された（tener mucha aceptación）.

2）新政権（el nuevo régimen）は国際社会に認められる（obtener el reconocimiento）のに数年を要した.

3）10年前は一世を風靡した（hacer furor）その女優の名前はすっかり忘れ去られた（caer en el más completo olvido）.

表現18 (~という) 噂が流れる

首相が今日の午後辞意を表明するという噂が流れている.

ヒント ～という噂が流れる circular [correr] el rumor de que ～
辞意を表明する anunciar su dimisión

解説

▶「噂が流れる」の訳語としては, 動詞 rumorear または circular [correr] el rumor de があります. 課題文はどちらでも訳すことができます. 前者を使う場合は〈Se rumorea que + 直説法〉(解答例2), 後者の場合は〈Circula [Corre] el rumor de que + 直説法〉(解答例1) の構文にします. 後者は〈動詞 + 名詞句〉からなる名詞的述部ですが, 名詞句 el rumor が文法上の主語になっています. したがって, 動詞は3人称単数形で活用します.

解答例

1. **Circula [Corre] el rumor de** que el primer ministro va a anunciar esta tarde su dimisión.
2. **Se rumorea** que el primer ministro [...].

練習問題

1) 先週, 東京で大雪が降った (caer una gran nevada).
2) 今年の夏は, 雨不足で干ばつ (la sequía) の問題が深刻化した (agudizarse el problema).
3) 今日の未明に, 製油所 (la refinería) で大規模な火災が発生した (declararse un incendio).

2. 形容詞的述部

表現19 (～したくて) **うずうずしている**

子供たちは遊園地に行きたくてうずうずしている.

ヒント ～したくてうずうずしている estar impaciente por＋不定詞句　遊園地 el parque de atracciones

解説

▶形容詞だけでは述部を作ることはできませんから，必ず動詞の助けが必要になります.「形容詞的述部」は使われる動詞の種類によっていくつかタイプに分かれます. 最も頻度が高く基本的なタイプは〈連結動詞＋形容詞句〉で，代表的な連結動詞は ser と estar です.『構文編』の構文23/24/30/32/33はこのタイプです.

▶課題文の「うずうずしている」は状態を示しますので, estar を使います. これが形容詞 impaciente と結合しますが，この形容詞が前置詞 por を介して補語をとる点に注意してください.

解答例

Los niños **están impacientes por** ir al parque de atracciones.

練習問題

1) 住民たちはゴミ処理施設 (la planta de tratamiento de basuras) の建設計画を全く知らないでいた. (estar ignorante de ～ を使って)

2) 投資家 (el inversor) たちは日本銀行の決定を待ち兼ねている.
(estar pendiente de ～ を使って)

3) この外交危機を乗り切るだけの能力は現政権にはないだろう.
(ser capaz de ＋不定詞句を使って)

表現20 無傷ですむ

彼は事故に遭った列車に乗っていたが，幸い無傷ですんだ.

ヒント 事故に遭った列車 el tren accidentado［siniestrado］　無傷ですむ salir ileso (de un accidente)

解説

▶形容詞的述部を作ることのできる動詞の種類は限られています．課題文の「無傷ですむ」は salir ileso という形容詞的述部で訳すことができます．これは〈自動詞＋形容詞〉という構造の述部です．これと反対の意味の「負傷する」も resultar herido という形容詞的述部で表せます．

▶「事故に遭った列車」は el tren accidentado［siniestrado］と訳します．

解答例

Él viajaba en el tren accidentado, pero afortunadamente **salió ileso de**l accidente.

練習問題

1）昨日上野で起きた鉄道事故（el accidente ferroviario）で乗客に負傷者は一人もでなかった．（負傷する resultar herido）

2）20年前の原子力事故でおよそ600人の住民（el habitante）が被爆した（resultar afectados por las radiaciones）．

3）停電（el apagón）のために地下鉄や高層ビル（el rascacielos）のエレベーター内に多くの人が閉じこめられた（quedar atrapado）．

21 表現21

表現21 中立を貫く

その政党は新たな高速道路の建設に関して中立を貫いている.

ヒント 高速道路の建設 la construcción de autopistas　中立を貫く mantenerse totalmente neutral

---

解説

▶日本語の動詞の「貫く」だけに注目するのではなく,「中立を貫く」をどう訳すかを考えてください. そうすると「中立の立場をとる」と考えて adoptar una actitud neutral という訳も候補に挙がります. 解答例は形容詞的述部 mantenerse neutral で訳してあります. neutral に強調の副詞の totalmente がついている点に注目してください.

解答例

Ese partido **se mantiene totalmente neutral** en la construcción de nuevas autopistas.

練習問題

1）首相は年金制度の改革（la reforma del sistema de pensiones）に反対の意向を示した（mostrarse contrario a ～）.

2）日本の生態系（el ecosistema）は, 国外から持ち込まれる外来種（la especie foránea）によって脅かされている（verse amenazado）.

3）彼女は雑誌に掲載された自作に関する書評（la reseña）を読んで, 誇りを傷つけられたと感じた（sentirse herido en su orgullo）.

表現22 必要になる

将来の年金の財源を確保するためには，国庫の負担割合の引き上げがますます必要になってくる．

ヒント 年金の財源 los fondos de pensiones　国庫の負担割合の引き上げ→国庫の負担割合を引き上げる aumentar la proporción del fisco　ますます必要になる hacerse cada vez más necesario

解説

▶「～になる」という日本語は再帰動詞の hacerse, volverse, ponerse, quedar(se) などを使って訳すことができます．形容詞・名詞がどの動詞と結合するかに注意してください．hacerse と volverse は ser と，ponerse と quedar(se) は estar と置き換えが可能です．

hacerse famoso　（有名になる）
volverse loco　（頭がおかしくなる）
ponerse nervioso [enfermo]　（神経質［病気］になる）
quedar(se) viudo[da]　（妻［夫］に死なれる）
hacerse realidad　（現実になる）

解答例

Se hace cada vez más necesario aumentar la proporción del fisco destinado a fondos de pensiones para tenerlos asegurados en el futuro.

練習問題

1）私は減量する（perder peso）ためにスポーツクラブの会員になった（hacerse socio/miembro de ～）.
2）X 銀行の倒産（la quiebra）の噂は昨日現実になった（hacerse realidad）.
3）花粉症の症状（los síntomas de la alergia al polen）は3月と4月（→*p. 173*）の晴れて乾燥した日にひどくなります（volverse intenso）.

表現23 明白になる

今回のアンケートの結果，国際世論は紛争の平和的解決を望んでいることがはっきりした.

ヒント 国際世論 la opinión pública internacional　はっきりする→明白になる quedar claro［patente］〜をはっきりさせる→dejar claro［patente］〜

解説

▶ dejar, hacer, poner は形容詞と結びついて〈他動詞＋形容詞句〉の形容詞的述部を作ります. hacer público 〜（〜を公表する）や poner nervioso a 〜（〜をいらいらさせる）などがこのタイプの述部です. この場合は動詞が他動詞ですので直接補語をとります. 解答例1では，形容詞的述部 dejar claro［patente］〜 を使って「アンケートの結果が〜をはっきりさせた」と訳してあります. この場合は que la opinión pública... が直接補語になります. 課題文は〈自動詞＋形容詞〉を使って訳すこともできます（解答例2）.

解答例

1. Los resultados de las encuestas **han dejado claro［patente］** que la opinión pública internacional desea una solución pacífica al conflicto.
2. Según los resultados de las encuestas, **ha quedado claro［patente］** que［...］.

練習問題

1）知事（el gobernador prefectural）の発言は，次回の選挙に再出馬する意志がないことを明白に示した.（dejar patente を使って）

2）彼の発言は私をいらいらさせる.（poner nervioso を使って）

3）彼は脳卒中の発作を起こして（tener un ataque apopléjico），右半身が不随になった.（dejar paralizado el costado derecho を使って）

3. 前置詞句述部

表現24 施行される

日本国憲法は1947年5月3日に施行された.

ヒント 日本国憲法 la Constitución japonesa　1947年5月3日 →*p. 172*
施行される entrar en vigor

解説

▶自動詞 entrar は前置詞 en と結合して複合述部[前置詞句述部]を作ります.

▶「施行される」はスペイン語では一つの動詞で言い表せませんので, entrar en vigor で訳します. vigor の派生動詞 vigorizar は「元気づける」という意味ですので注意してください. entrar は次のような述部を作ります.

La línea Expreso de Tsukuba **entró en servicio** en agosto de 2005.
(つくばエクスプレスは2005年8月に**開業した**)

No **entraré en la cuestión de** si se debe realizar una reforma constitucional.
(憲法改正を行うべきかどうか**という問題に立ち入りません**)

解答例

La Constitución japonesa **entró en vigor** el tres de mayo de 1947.

練習問題

1) 我が国最初の(→*p. 144*)懸垂型モノレール (el monorraíl suspendido) は, 1957年に営業を開始した (entrar en servicio).

2) 我が市の新しい風力発電所 (la central eólica) は昨年操業を開始した (entrar en funcionamiento).

3) 昨日, アイスランドで火山 (el volcán) が噴火し始めた (entrar en erupción).

25 表現25

表現25 合意に達する

欧州連合の国々は欧州連合の拡大に関してまだ合意に達していない.

ヒント 欧州連合 la Unión Europea　拡大 la ampliación　合意に達する llegar a un acuerdo

---

解説

▶「合意する」は acordar ですが,「合意に達する」は llegar を使って llegar a un acuerdo と言います.

▶ entrar の他に llegar, caer, salir, volver なども前置詞句述部を作ります. 使われる前置詞の違いに注目してください.

llegar a la conclusión de que ～　（～という結論に達する）
volver a la normalidad　（平常に戻る）
salir a la venta　（発売される）
caer [quedar] en desuso　（使われなくなる）
declararse en huelga　（ストライキを宣言する）
declararse en bancarrota　（破産を宣言する）

解答例

Los países de la Unión Europea no **han llegado a un acuerdo** sobre su ampliación.

練習問題

1）世界のいくつかの国では民主主義はまだ完全に浸透していない.
（llegar a su total desarrollo を使って）

2）デジタル放送（la transmisión digital）の開始に伴い，アナログ放送（la transmisión analógica）の時代は終わった（llegar a su fin）.

3）事故から3か月後に（→*p. 171*）列車の運行（los servicios de trenes）は平常に戻った.

表現26 口実にする

私の息子は何でも勉強しない**口実にする**.

ヒント 口実にする ←（誰かにとって）口実になる servir de pretexto [excusa]（a alguien）

解説

▶ servir de pretexto a alguien は「（何かが）誰かにとって口実になる」という意味ですので，主語を cualquier cosa（何でも）にします.「何でも私の息子にとって口実になる」という発想で訳します.

▶〈servir de + 無冠詞の名詞〉は「〜として役立つ」という意味ですが，以下のような表現を作ります.

servir de estímulo [acicate]	（励み・刺激になる）
servir de lección	（教訓になる）
servir de referencia	（参考になる）
servir de modelo	（模範になる）
servir de ejemplo	（例になる・手本になる）
servir de base	（基礎となる）

これらの表現は a で導入される間接補語や para で導かれる補語をとることができます.

解答例

Cualquier cosa le **sirve de pretexto** a mi hijo para no estudiar.

練習問題

1）大橋選手の二つの金メダル（la medalla de oro）は他の日本の水泳選手（el nadador）の刺激になった.

2）体罰（el castigo físico）が児童の教訓になるとは私は思いません.

3）日本の経済発展は天然資源（los recursos naturales）の乏しい国にとってモデルとなった.

表現27 （～の）支配下にある

イベリア半島はかつてイスラム教徒の支配下にあった.

ヒント イベリア半島 la península Ibérica　イスラム教徒 el musulmán　～の支配下にある estar bajo la dominación de ～ , estar bajo（el）dominio de ～

解説

▶動詞 estar も前置詞句と結合して複合述部を作ります.「支配下にある」「指揮下にある」「監視下にある」などは estar bajo ～ を使って訳すことができます.

estar bajo（el）mando de ～　（～の指揮下にある）
estar bajo（el）control de ～　（～の管理下にある）

de 以下が形容詞になることもあります.

estar bajo（el）dominio **español**　（スペインの支配下にある）
estar bajo vigilancia **militar**　（軍の監視下にある）

▶ estar 以外に encontrarse, permanecer, quedar(se), caer, vivir なども使われます.

解答例

Antiguamente la península Ibérica **estaba bajo la dominación de** los musulmanes.

練習問題

1）1万2千人の兵士がその将軍（el general）の指揮下にある.
2）この地域は現在，国連軍（las fuerzas de la ONU）の管理下にある.
3）10万人の党員（el/la militante）がその政党のリーダーの指揮下にある.

表現28 時代を迎えている

日本社会は人口減少時代を迎えている.

ヒント 人口減少時代 la época de descenso demográfico
〜を迎えている estar ante 〜

解説

▶ estar, encontrarse, hallarse, permanecer, seguir, continuar などの動詞は前置詞句と結合して，単一の動詞では言い表せない述部（前置詞句述部）を作ります．いくつか例を挙げておきます．

estar ante un problema de 〜　（〜の問題に直面している）
encontrarse［estar, hallarse］en paradero desconocido
（行方不明になっている）
seguir［continuar］en paradero desconocido　（行方不明のままである）
estar al acecho de 〜　（〜を待ち伏せている，〜を待ち構えている）
encontrarse ante una encrucijada　（岐路に立っている）
encontrarse en una fase crítica　（重大な局面を迎えている）
estar ante una situación grave　（深刻な状況にいる）

解答例

La sociedad japonesa **está ante una época de descenso demográfico**.

練習問題

1）消費者の利益（los intereses de los consumidores）と全く関係のない経済政策（la política económica）を目《ま》の当たりにしている．
2）まだ20人が行方不明になっている．
3）日本の外交政策は現在，重大な岐路に立っている．

表現29 流通を開始させる [〈poner(se) +前置詞句〉]

日銀は2004年に千円，5千円，1万円の3種類の新紙幣の流通を開始させた．

ヒント 日銀→日本銀行 el Banco de Japón　新紙幣 el nuevo billete　千円札 el billete de mil yenes　～の流通を開始させる poner en circulación ～

解説

▶ poner は en や a に導かれる前置詞句と結合して〈poner ～ en/a + 名詞〉のタイプの複合述部を作ります．

▶ poner は再帰動詞 ponerse の形でも使われます．この場合，行為者は明示されず，直接補語が文法上の主語になります．

En 2004 se pusieron en circulación nuevos billetes del yen. ［下線部が主語］
(2004年に円の新紙幣の流通が始まった)

解答例

El Banco de Japón **puso en circulación** nuevos billetes de mil, cinco mil y diez mil yenes en 2004.

練習問題

1) 旧ソビエト連邦 (la antigua Unión Soviética) は1957年に最初の (→*p. 144*) 人工衛星スプートニク1号 (el satélite artificial, el Sputnik 1) を軌道に乗せる (poner en órbita) ことに成功した．

2) オリンピックの入場券 (la entrada) はまもなく売り出される (ponerse a la venta/en venta)．

3) ハイジャックされた (secuestrado) 航空機の機長 (el comandante) は管制塔 (la torre de control) と連絡をとった (ponerse en contacto con ～)．

◆〈poner(se) ＋前置詞句〉の述部

poner en orden ～ （～を整理・整頓する）

poner en práctica medidas de seguridad （安全対策を実行に移す）

poner en marcha un motor （エンジンをかける）

poner en marcha una campaña （キャンペーンを開始する）

poner en funcionamiento una máquina （機械を作動させる）

poner en escena una obra （ある作品を上演する）

poner en libertad a ～ （～を釈放する）

poner en apuros a ～ （～を窮地に追いやる）

poner en duda la eficacia de un medicamento （薬の有効性を疑問視する）

poner en cuestión los datos （データを疑う）

poner en claro [evidengcia] ～ （～を明らかにする）

poner en peligro su vida （自分の命を危険にさらす）

poner en circulación nuevos billetes （新紙幣の流通を開始させる）

poner en órbita un satélite （衛星を軌道に乗せる）

poner en antena un programa （ある番組を放送する）

poner en conocimiento de alguien ～ （誰かに～を知らせる）

poner en [a la] venta el piso （マンションを売りに出す）

ponerse en contacto con ～ （～と連絡をとる）

poner en estado de alerta a ～ （～を警戒させる）

poner en situación de crisis el sistema financiero （金融システムを危機に追いやる）

表現30 停電になる

豪雨のために熊本市の大部分が停電になった.

ヒント 豪雨 intensas lluvias　　停電になる quedar sin luz［sin suministro eléctrico］（場所が主語），dejar sin luz ～（原因が主語）

解説

▶〈dejar/quedar sin ＋名詞句〉の表現を覚えましょう．どちらを使うかは主語によって決まります．課題文の原因（豪雨）を主語にすると dejar を使い（解答例1），主語を場所（熊本市の大部分）にすると quedar を使います（解答例2）．

▶〈dejar sin ＋名詞句〉は次のような複合述部を作ります．

dejar sin efecto la sentencia　（判決を無効にする）
dejar sin hogar a miles de personas　（数千人の人々の家を奪う）
dejar sin luz ni gas ni agua　（電気もガスも水道も使えなくする）

▶ sin の後には不定詞句がくる場合もあります．

El gobierno **deja sin resolver** los problemas de las pensiones.
（政府は年金問題を**未解決のままにしておく**）

解答例

1. Las intensas lluvias caídas en la ciudad de Kumamoto **han dejado sin luz** buena parte de la ciudad.
2. La mayor parte de la ciudad de Kumamoto **ha quedado sin luz** debido a las intensas lluvias.

練習問題

1）回線（el cable）の故障で私は2日間電子メールが使えなかった（dejar sin servicio de correo electrónico）．

2）2011年に起きた大地震では多くの人が家を奪われた．

3）急な用件（el asunto）ができて私の休暇はなくなってしまった（dejar sin vacaciones）．

表現31 競売にかける

一枚のゴッホの絵が昨日競売にかけられた.

ヒント ゴッホの絵 el cuadro de Van Gogh　～を競売にかける sacar a subasta ～, subastar

解説

▶〈他動詞＋前置詞句〉の複合述部で使われる動詞は sacar, llevar などです.「競売にかける」は動詞 subastar か, あるいは前置詞述部 sacar a subasta ～ で訳します.

▶自動詞 salir を使って salir a subasta（競売に出される←出る）で訳すこともできます（解答例2）. sacar と salir の間にも, dejar と quedar の場合と同様の相関関係があります.

解答例

1. Ayer **sacaron a subasta** un cuadro de Van Gogh.
2. Un cuadro de Van Gogh **salió a subasta** ayer.

練習問題

1）市（el Ayuntamiento）は新しい図書館の建設を公開競争入札にかけた（sacar a concurso público）.

2）日本国憲法（la Constitución japonesa）は表現の自由を保障して（garantizar）, 出版物や映画の検閲（someter a la censura ～）を禁止している.

3）株式投資（la inversión bursátil）の失敗で彼は破産に追い込まれた.（llevar a la ruina を使って）

◆〈他動詞＋前置詞句〉の述部

sacar a subasta ～	（～を競売にかける）
sacar a concurso ～	（～を競争入札にかける）
sacar de un apuro a ～	（～を窮地から救う）
sacar de la pobreza a ～	（～を貧困から救う）
sacar de la miseria a ～	（～を貧困から救う）
sacar de dudas a ～	（～の疑問を解消する）
llevar a cabo [a término] un proyecto	（計画を実現する）
llevar a la práctica un proyecto	（計画を実行に移す）
llevar a la bancarrota a ～	（～を破産に追い込む）
llevar a la ruina a ～	（～を破滅に追い込む）
someter una película a la censura	（映画を検閲にかける）
someter a un interrogatorio a ～	（～を尋問にかける）
someter a la justicia a ～	（～を裁判にかける）
someter a un chequeo médico a ～	（～を健康診断にかける）
someter a la tortura a ～	（～を拷問にかける）
someter a un chantaje a ～	（～をゆする）
tomar en serio ～	（～を真に受ける）
tomar a broma ～	（～を冗談だと受けとめる，～を本気にしない）
tomar en consideración ～	（～を考慮に入れる）
tener en cuenta ～	（～を考慮する）

表現32 解明されていない

現在に至るまで大停電の原因は解明されていない.

ヒント 大停電 el gran apagón　原因を解明する esclarecer [acalarar] las causas
解明されていない seguir sin esclarecerse

解説

▶〈seguir sin ＋不定詞句〉は否定的な受身を示すことがあります.「原因を解明する」は esclarecer las causas ですので，課題文の「原因は解明されていない」は ser ＋過去分詞の受身にして

Las causas no **han sido esclarecidas.**

と訳すことができますが，〈seguir sin ＋不定詞句〉を使って

Las causas **siguen sin esclarecerse** [**sin ser esclarecidas**].

という訳し方もできます．動詞が再帰動詞になっている点に注意してください．次の例のように行為者を明示すると受身的な意味はなくなります．

La policía **sigue sin esclarecer** las causas.
（警察は原因を**解明していない**）

解答例

Hasta ahora las causas del gran apagón **siguen sin esclarecerse** [**aclararse**].

練習問題

1）両国間の国境紛争（el conflicto fronterizo）は解決されていない.
2）その事件（el caso）はまだ解決されていない.
3）次期外務大臣（el ministro de Asuntos Exteriores）の名前はまだわかっていない（seguir sin conocerse）.

第3章
コロケーション

どの言語でも語と語の結びつきには制限があります．たとえば，スペイン語の drástico（思い切った）という形容詞は medidas（措置）という名詞を修飾するのによく使われます．この「**語と語の結びつきの習慣的な制限**」のことを**コロケーション**といいます．

この2語の間には連結制限があります．コロケーションは言語における習慣的な結びつきですので，各言語には当然独自のコロケーションがあります．つまり，スペイン語にはスペイン語の，日本語には日本語のコロケーションがあるわけです．「へ理屈をこねる」や「へ理屈をつける」は名詞と動詞からなる日本語のコロケーションです．**本章ではコロケーションを尊重してスペイン語を書くことを学習します．**

1. スペイン語のコロケーション

品詞と品詞の組み合わせから見ると，スペイン語の基本的なコロケーションは次の5種類です．

a）**動　詞＋名　詞**　tomar una decisión　（決定を下す）
b）**名　詞＋形容詞**　viento glacial　（氷のように冷たい風）
c）**動　詞＋副　詞**　llover torrencialmente　（激しく雨が降る）
d）**副　詞＋形容詞**　diametralmente opuesto　（全く反対の）
e）**動　詞＋形容詞**　salir ileso　（無傷ですむ）

動詞と名詞の場合を例にとると，ある名詞と結びつく動詞は習慣的に決まっているわけです．excursión（小旅行・遠足・ハイキング）という名詞は hacer と結合して hacer una excursión（小旅行をする）と言います．ところが paseo（散歩）は dar と結びついて dar un paseo（散歩をする）と言います．hacer una excursión から類推して「散歩をする」を〈× hacer un paseo〉と訳してしまうと間違いを犯すことになります．

さて，スペイン語で文を作る場合は，スペイン語話者が無意識の内に従っている語彙的な制限を守らなければなりません．**実はこの語彙的な制限を習得することが，外国語を学ぶ際の最もむずかしいハードルのひとつです．どうしても母語の影響が現われるからです．**この語彙の結合の知識は，スペイン語を読んだり，聞いたりしていく過程で習得していきますが，短期間で身につけることは不可能ですので，辞書を引いて語彙的制限を確認する必要があります．その際に，二か国語辞書（西和辞典・和西辞典）に頼らずに，**なるべく例文の豊富な西西辞典を利用することを心がけてください．**これはスペイン語の単語の意味を日本語を使わずに理解するために役立つばかりでなく（語感の習得），語と語の結びつきを確認するのに役立ちます．たとえば，ある名詞がどのような動詞や形容詞と結びつくかを知りたいときは，その名詞を辞書で引いて用例を見てみましょう．

2.〈動詞＋名詞〉のコロケーション

表現33　役割を果たす

我が国は，国際政治の舞台でますます重要な役割を果たすようになるでしょう.

ヒント 国際政治の舞台 la escena política internacional
重要な役割を果たす desempeñar un papel importante

解説

▶ papel は多義語（複数の意味をもつ語）です.「役割・役目」という意味では hacer, cumplir, desempeñar などと使われます.

hacer el papel de madre　（母親の役目をする）
hacer muy buen papel　（とても役に立つ）
hacer [cumplir] su papel　（その役目を果たす）
desempeñar [jugar] el papel de ～　（～の役割を果たす）
desempeñar [jugar] un papel importante/decisivo
（重要な/決定的な役割を果たす）

また,「(芝居の) 役」の意味では次のような連結で使われます.

interpretar [hacer] el papel de don Juan　（ドン・ファンの役を演じる）

解答例

Nuestro país va a **desempeñar un papel** cada vez más importante en la escena política internacional.

練習問題

1）手塚治虫は日本の漫画(el manga japonés)の発展に重要な役割を果たした.
2）この島では観光が失業率（la tasa de desempleo →*p.124*）を下げる（→*p.156*）のに重要な役割を果たしている.
3）私のパソコン（el PC）はとても古いが，役に立つ（hacer su servicio）うちは私は買い替えるつもりはない（→*p.84*）.

表現34 身を危険にさらす

人質たちを無事に救出するために警察官たちは**身を危険にさらさ**なければならなかった.

ヒント 人質を救出する liberar a un rehén　身を危険にさらす poner en peligro su vida, arriesgar su vida　～しなければならない →*p. 88*

解説

▶「身を危険にさらす」は poner en peligro su vida または arriesgar su vida で訳せます. 名詞 peligro と riesgo は次のような連結を作ります.

haber [existir] un peligro	(危険がある)
entrañar un riesgo	(危険をはらむ)
estar [encontrarse] en peligro de ～	(～の危険にさらされている)
correr (el) peligro [el riesgo] de ～	(～する危険を冒す)
afrontar el peligro	(危険に立ち向かう)
hacer frente al peligro	(危険に立ち向かう)
acechar (a alguien) un peligro	([誰かに] 危機が迫る)
estar fuera de peligro	(危険を逃れる)

解答例

Los policías tuvieron que **arriesgar su vida** [**poner en peligro su vida**] para liberar a los rehenes sin que sufrieran ningún daño.

練習問題

1) 幹部 (los directivos) が提案している財政再建案 (el plan de saneamiento financiero) は大きな危険をはらんでいる.

2) 放射能 (la radiactividad) の汚染地域は小さく, 住民の健康 (la salud de la población) に危険はない (no haber riesgo) と当局 (las autoridades) は保証した.

3) 専門家たちは7万6千の種 (la especie) が絶滅の危機にある (estar en peligro de extinción) と警告している.

表現35 危機に直面している

我が国は深刻な財政危機に直面している.

ヒント 財政危機に直面している atravesar (por) una crisis financiera

解説

▶名詞 crisis は頻度の高い語ですが，次のような連結を作ります.

atravesar (por) una crisis	(危機に直面する)
pasar por una crisis	(危機を経験する)
agudizar la crisis	(危機を深刻化させる)
estar en crisis	(危機にある)
afrontar la crisis	(危機に対処する)
superar la crisis	(危機を克服する)
salir de la crisis	(危機を脱する)

解答例

Nuestro país **atraviesa** (**por**) **una** grave **crisis** financiera.

練習問題

1) 市 (el Ayuntamiento) は地震 (el terremoto)・洪水 (la inundación) やテロ (el atentado terrorista) など様々な (diversos tipos de ～) 危機に対処するための基礎知識 (los conocimientos básicos) をまとめたパンフを発行した (publicar un folleto).

2) 原油価格の高騰 (el aumento del precio del crudo) で我が国のエネルギー危機 (la crisis energética) は深刻化した.

3) 心臓移植手術 (la operación de trasplante de corazón) を受けた患者 (el/la paciente) は危険な状態 (el estado crítico) を脱した.

36 表現 36

表現36 問題に直面する

統計によると3人に1人の女性が職場でのセクハラ問題に直面している.

ヒント 3人に1人の女性 una de cada tres mujeres（→*p. 133*）　セクハラ問題に直面する enfrentarse al［afrontar el］problema del acoso sexual

解説

▶訳語としてある名詞を使うときには，辞書でその名詞がどのような語句と使われているか必ず確認してください．名詞 problema は次のような動詞と結合します．

plantear un problema
（問題を提起する）

solucionar［resolver］el problema
（問題を解決する）

dar［encontrar］una rápida solución al problema
（早急に問題を解決する）

解答例

Según las estadísticas, una de cada tres mujeres **se enfrenta al problema** del acoso sexual en el trabajo.

練習問題

1）人類は環境問題（el problema del medio ambiente）を早急に解決しなければなりません．

2）人間関係の問題を全く抱えていない人はいない．
（tener problema de ～ を使って）

3）貧困，人口増加，環境の悪化（el deterioro del medio ambiente）は人類が早急に解決しなければならない大きな問題です．

表現37 信号を無視する

私の前を走っていた車は急ブレーキをかけたが，**信号を無視して**きた車と衝突した．

ヒント 急ブレーキをかける dar [pegar] un frenazo　信号を無視する saltarse el semáforo　～と衝突する chocar con ～

解説

▶「(車が) 信号を無視する」は saltarse el semáforo と言います．名詞 semáforo は次のような表現で使われます．

semáforo en rojo [ámbar, verde]　(赤 [黄色，青] の信号)
esperar el semáforo　(信号を待つ)
El semáforo está en rojo.　(信号が赤である)
El semáforo se puso en ámbar.　(信号が黄色になった)
El semáforo cambió a verde.　(信号が青になった)
cruzar [atravesar] el semáforo en rojo　(赤信号で渡る)
cruzar el semáforo　(信号を渡る)

解答例

El coche que iba delante de mí dio un frenazo, pero chocó con un coche que **se había saltado el semáforo**.

練習問題

1) あわてないで．信号が青になるのを待ちなさい．
2) 赤信号での道路の横断はとても危険です．
3) 交通事故を防止する (prevenir) には歩行者も運転者も信号を守ら (respetar los semáforos) なければなりません．

表現38 記録を更新する

その宇宙飛行士たちは宇宙滞在記録を更新した.

ヒント 宇宙飛行士 el/la astronauta, el/la cosmonauta　記録を更新する superar [batir] el récord　宇宙滞在 la permanencia en el espacio

解説

▶「記録」を意味するスペイン語は récord と marca がありますが，marca のほうは主にスポーツの記録を指します．

▶日本語では「記録を破る・樹立する・更新する・塗り替える」などのコロケーションがありますが，スペイン語の récord と marca は以下の動詞とよく使われます．

batir un récord [una marca]　（記録を破る）
establecer un récord [una marca]　（記録を樹立する）
superar un récord [una marca]　（記録を更新する/塗り替える）
obtener/conseguir un récord [una marca]　（記録を出す）

解答例

Esos astronautas **han superado el récord** de permanencia en el espacio.

練習問題

1）ハンセン（Hansen）は北島康介が樹立した男子200メートル平泳ぎ（los 200 metros braza masculinos）の世界新記録を破った.

2）クリズニコフ（Kulízhnikov）選手は2019年にスピードスケート（el patinaje de velocidad）男子500メートルで33秒61の世界新記録をマークした.

3）スポーツの世界では記録を出すことより，勝つことが重視される.

表現39 悪循環を断つ

赤字を補填するために国債を発行するという悪循環を断たなければ，我が国の財政の改善は不可能である．

ヒント 赤字を補填する cubrir el déficit　国債を発行する emitir bonos del Estado　悪循環を断つ romper el círculo vicioso　財政の改善→財政を改善する sanear las finanzas

解説

▶日本語の名詞句を動詞句にして訳すとスペイン語にうまく訳せる場合があります．課題文の「財政の改善」を解答例では不定詞句を使って訳してあります．

▶romper el círculo vicioso（悪循環を断つ）はスペイン語の「他動詞＋名詞句」のコロケーションです．解答例では，この他に emitir bonos del Estado（国債を発行する），sanear las finanzas（財政を改善する），cubrir el déficit（赤字を埋める）の三つコロケーションが使われています．

解答例

Es imposible sanear las finanzas de nuestro país si no **se rompe el círculo vicioso** de emitir bonos del Estado para cubrir el déficit.

練習問題

1）昨年の（durante el año pasado →*p. 163*）失業者数（el número de desempleados）の増加（→*p. 156*）は政府の予想を上回った（desbordar las previsiones）.

2）その女性ピアニストはある映画監督との婚約を破棄した（romper su noviazgo con ～）.

3）会議室（la sala de reunión）に漂う気まずい沈黙を誰も破ろう（romper el silencio incómodo）としなかった.

表現40 耳をすます

耳をすませば，遠くから虫の鳴き声が聞こえます．

ヒント 耳をすます agudizar el oído　遠くから desde lejos
虫の鳴き声 el canto de los insectos

解説

▶五感を示す名詞は la vista（視覚），el oído（聴覚），el olfato（嗅覚），el gusto（味覚），el tacto（触覚）です．それに対応する器官を示す ojo, nariz などの名詞と語が違いますので注意してください．五感に関わるコロケーションはたくさんありますが，いくつか例を挙げておきます．

agudizar [aguzar, afinar] el oído　（耳をすます）
agudizar [aguzar] la vista / la mirada　（目を凝らす）
aguzar el olfato　（鼻を利かせる）
apartar la vista　（視線をそらす）
perder la vista　（失明する）
perder el olfato　（嗅覚がなくなる）
taparse los oídos　（耳を塞ぐ）
zumbar los oídos［主語］(a alguien)　（耳鳴りがする）

解答例

Si agudizas el oído, se oye desde lejos el canto de los insectos.

練習問題

1）煙（el humo）が車内に充満していたので，乗客たちは鼻をハンカチでふさいで（taparse la nariz con un pañuelo）避難した．
2）医師たちは目を凝らして，1枚のレントゲン写真（la radiografía）を見ていた．
3）部長（el director）は知らせを聞いて，両手で耳をふさいだ．

表現41 クーデターを起こす

西アフリカのギニアビサウで2003年に軍高官らがクーデターを起こした.

ヒント 西アフリカ África occidental　ギニアビサウ Guinea Bissau　軍高官 los altos cargos militares　クーデターを起こす dar un golpe de Estado

解説

▶日本語の「起こす」からは想像できませんが「クーデターを起こす」の動詞は dar を使います.「クーデター」という表現を覚えるときに, 動詞もいっしょに覚えるようにしてください.

解答例

Los altos cargos militares **dieron un golpe de Estado** en 2003 en Guinea Bissau de África occidental.

練習問題

1）関東全域に出されていた大雪警報（la alarma de grandes nevadas）は解除された.（dar la alarma, levantar la alarma を使って）

2）ニューヨーク州知事(el gobernador)は非常事態宣言を発令した(declarar el estado de emergencia).

3）デモ隊（los manifestantes）が昨日, 町の中心部のいくつかの道路を封鎖した（cortar la calle).

42 表現42

表現42 傲慢な態度をとる

政治家が傲慢な態度をとることほど不快なことはありません.

ヒント 政治家 el político, la política　傲慢な態度をとる tomar una actitud arrogante
～ほど不快なことはない no hay nada más desagradable que ～

解説

▶ tomar [adoptar] una actitud（態度をとる）は形容詞をつけることができます.

tomar una actitud **flexible**（**柔軟な**態度をとる）
tomar una actitud **comprensiva**（**理解のある**態度をとる）
tomar una actitud **displicente**（**冷淡な**態度をとる）
tomar una actitud **hostil**（**敵対的な**態度をとる）

▶「政治家が傲慢な態度をとること」は〈el (hecho de) que + 接続法〉を使って, **el que** los políticos **tomen** una actitud arrogante と訳します.

解答例

No hay nada más desagradable que el que los políticos **tomen una actitud arrogante.**

練習問題

1）業務提携（la cooperación empresarial）を実現させるために我が社は敵対的な態度をやめ（deponer su actitud hostil）ようと考えている.
2）カナダはスペインとの漁業交渉（las negociaciones pesqueras）で態度を硬化させた（endurecer su posición）.
3）昨日の最高裁（el Tribunal Supremo）の判決（la sentencia）は類似のケースに対して前例を作る（sentar un precedente）ことになるだろう.

表現43 銀行引き落としにする

私は電気・ガス・電話料金の支払いを銀行引き落としにすることにした.

ヒント 支払いを銀行引き落としにする domiciliar el pago en el banco

解説

▶ domiciliar の語義は「(受け取りを) 自動振込みにする・(支払いを) 引き落としにする」です. domiciliar el pago en el banco [en la cuenta] で「支払いを銀行 [口座] から引き落とす」の意味になります.

▶「給料を銀行振込にする」は, domiciliar la nómina en el banco と言います.

解答例

He decidido **domiciliar los pagos** de electricidad, gas y teléfono **en el banco**.

練習問題

1) 笑いは様々な病気に打ち勝つ免疫力を高めてくれる (reforzar la inmunidad).

2) 長引く景気の低迷 (el estancamiento de la economía) によりサラリーマン (el asalariado) の労働意欲が失われている (aniquilar la moral).

3) 麻薬の密売組織 (la organización de narcotraficantes) は不動産投資 (la inversión en bienes inmobiliarios) によって資金洗浄を行って (blanquear el capital) いる.

表現44 結果をもたらす

交通渋滞は経済面でも環境面でもマイナスの結果しかもたらしていない.

ヒント 交通渋滞 el atasco de circulación　マイナスの結果をもたらす producir consecuencias negativas　〜しか…ない no + 動詞 + más que 〜

解説

▶ producir consecuencias negativas（マイナスの結果をもたらす）がコロケーションです．動詞 producir は多くの名詞と結合する使用範囲の広い動詞です．

▶「経済面でも環境面でも」は解答例にあるように形容詞を使って訳すことができます．もちろん，名詞 aspecto を使って tanto en el aspecto económico como en el medioambiental としてもかまいません．

解答例

Los atascos de circulación no **producen** más que **consecuencias negativas**, tanto económicas como medioambientales.

練習問題

1）2005年に尼崎《あまがさき》で起きた鉄道事故（el accidente ferroviario）では100名を超える死者が出た（provocar la muerte de 〜）.

2）2005年のマドリードの高層ビル（el rascacielos）の火災（el incendio）でビルの上層階（las plantas superiores）の一部が崩落した.（provocar el derrumbe de 〜 を使って）

3）30平方メートル（30 metros cuadrados →*p. 187*）の公営マンション（el piso de protección oficial）の建設計画がスペインで物議を醸した（levantar una polémica）.

表現45 措置を講じる

自治体はタバコの自販機を，未成年者が入手できないような場所に設置する**措置を講じる**べきである．

ヒント 自治体 el gobierno autónomo　タバコの自販機（自動販売機）la máquina expendedora de tabaco　未成年者 los menores (de edad)　措置を講じる tomar [adoptar] medidas

解説

▶ medidas には tomar [adoptar] medidas（措置を講じる・対策をとる）の他に extremar las medidas（対策を徹底する）というコロケーションもあります．これらの表現は修飾語句をつけることができます．

tomar medidas **económicas**　（**経済的**措置を講じる）
tomar las medidas **necesarias para** ～　（**～のために必要な**措置を講じる）
tomar **drásticas** medidas　（**思い切った**措置を講じる）
extremar las medidas **de seguridad**　（**安全**対策を徹底する）

解答例

Los gobiernos autónomos deben **tomar [adoptar] medidas** para que las máquinas expendedoras de tabaco estén en lugares a los que no puedan acceder los menores.

練習問題

1）日本の銀行はスキミング（el fraude con tarjetas duplicadas）防止対策を実施することを決めた．

2）その件については話したくなかったので，私は話をそらさなければならなかった．（desviar la conversación を使って）

3）市長（el alcalde）は刑務所（la prisión）の建設で町のイメージが損なわれることを心配している．（dañar la imagen を使って）

表現46 エレベーターに乗る

私は健康のためにエレベーターに乗らずにつとめて階段を上るようにしています.

ヒント 健康のために por el bien de la salud　エレベーターに乗る tomar el ascensor　階段を上る subir las escaleras

---

解説

▶「乗り物に乗る」は tomar や coger（口語的）を使うことができます. 飛行機や船舶に乗り込むときは embarcar も使えます（embarcar en un barco [avión]）. いくつかの言い回しを覚えましょう.

tomar [coger] un taxi/el metro/un autobús
（タクシー/地下鉄/バスに乗る）

subir [bajar]（por）la(s) escalera(s) mecánica(s)
（エスカレーターで上る［下る］）

tomar la escalera mecánica de ascenso/de descenso
（上り/下りのエスカレーターに乗る）

解答例

Procuro subir las escaleras por el bien de la salud en vez de **tomar el ascensor**.

練習問題

1）鉄道の駅（la estación de tren）では階段を上る人よりも, エスカレーター（la escalera mecánica）に乗る人のほうが多い.

2）私はアクセルを一杯に踏んで（pisar a fondo el acelerador）, 数台のトラックを追い越した（adelantar varios camiones）.

3）彼女は救急車を呼ぶ（llamar a una ambulancia）ために受話器をとって（descolgar el teléfono）, 119番にかけた（marcar el 119）.

表現47 一票を投じる

有権者は棄権をしないで一票を投じるべきです.

ヒント 有権者 el elector, la electora, el/la votante, el electorado［集合名詞］
棄権する abstenerse　一票を投じる depositar su voto

解説

▶「票を投じる」の動詞は depositar を使います.

▶有権者には集合名詞 el electorado がありますので，これを使う場合は単数形にします.

解答例

Los electores deben［El electorado debe］**depositar su voto** en vez de abstenerse.

練習問題

1）国（el Estado）が各国会議員（el parlamentario）に対して3人の秘書の給与を負担する（financiar el sueldo）.

2）首相は衆議院を解散し（disolver la Cámara de Representantes）て，繰り上げ選挙を実施する（adelantar las elecciones generales）と記者団に述べた.

3）日本国憲法の改正には（para reformar la Constitución japonesa）衆参両院の総議員の3分の2以上の賛成（dos tercios de votos o más a favor de ～ →*p. 125, 129*）が必要の上，さらに国民投票（el referéndum）での国民の承認（la ratificación）が要求される.（参議院 la Cámara de Senadores）

表現48 関心が高まる

自然志向が強まる中で，遺伝子組み換え食品に対する関心がだんだん高まっている．

ヒント 自然志向が強まる→自然に対する関心が高まる crecer el interés por lo natural
遺伝子組み換え食品 el alimento transgénico

解説

▶〈動詞 + 名詞〉のコロケーションでは〈他動詞 + 直接補語〉のタイプが一番多いのですが，名詞が主語に使われる〈**主語** + **動詞**〉のタイプもあります．crecer el interés（関心が高まる），estallar la ira（怒りが爆発する），bajar [descender] la fiebre（熱が下がる）などは名詞句（下線部）が主語になるので，このタイプの連結になります．この場合，主に自動詞もしくは再帰動詞が使われます．

解答例

En un clima de creciente interés por lo natural, **crece** cada vez más **el interés** por los alimentos transgénicos.

練習問題

1）日本人の生活水準は高度経済成長期に著しく向上した．（aumentar el nivel de vida を使って）

2）狂牛病（el mal de las vacas locas）の流行で，生産性向上（el aumento de la productividad）を最重視してきた農業の工業化（la industrialización）への批判が高まって（crecer las críticas a ～）いる．

3）奨学金の申請は明日締め切りです．（finalizar [terminar] el plazo de solicitud を使って）

表現49 潮が引く

あの静かな浜辺に大きな津波が押し寄せる前に，潮が急速に引き始めた.

ヒント 大きな津波 un gran tsunami　（津波が）押し寄せる azotar
潮が引く bajar la marea［主語］

解説

▶ bajar la marea の名詞句 la marea が動詞 bajar の主語である点に注意してください.

▶ 動物の鳴き声や天候・自然現象などの表現に〈主語 + 動詞〉のコロケーションがよく見られます．いくつか例を挙げておきます.

天候・自然現象：soplar el viento（風が吹く），arreciar el temporal（風雨が強まる），amainar la lluvia [la tormenta]（雨［嵐］が弱まる），cuajar la nieve（雪が積もる），encapotarse el cielo（空が曇る），subir [bajar] la marea（潮が満ちる［引く］）

動物の鳴き声：balar el cordero [la oveja]（子羊［羊］がメーメーと鳴く），ladrar el perro（犬がほえる），relinchar el caballo（馬がいななく），maullar el gato（猫がニャーニャーと鳴く），cacarear el gallo [la gallina]（雄鶏［雌鶏］が鳴く），croar la rana（カエルが鳴く）

解答例

Antes de que un gran tsunami azotara aquella playa tranquila, había empezado a **bajar la marea** con gran rapidez.

練習問題

1）その知らせを聞いて彼の心臓の鼓動は速くなった.（latirle el corazón a alguien con rapidez を使って）

2）雨足が弱まったら，試合が再開されるでしょう.

3）このリンゴはひどく傷んでしまって（macarse la manzana）いて，もう食べられません.

50 表現 50

3.〈名詞 + 形容詞〉のコロケーション

表現50 体が丈夫でない

彼は体が丈夫ではないので，激しい運動はできない.

ヒント 体が丈夫ではない (tener) salud precaria [frágil]　激しい運動をする hacer ejercicios duros

---

解説

▶名詞は動詞とだけではなく，形容詞とも相性があります．ふだんから，形容詞と名詞の結合にも注意するよう心がけてください．課題文にある「体が丈夫ではない」は salud precaria [frágil] という連結があります．形容詞が salud の前にくることもあります．

▶解答例1は su precaria salud（彼の体の弱さ）を主語にした構文です．解答例2は主語を課題文と同様に él にして訳してあります．

解答例

1. Su **precaria [frágil] salud** no le permite hacer ejercicios duros.
2. Él no puede hacer ejercicios duros debido a su **precaria [frágil] salud.**

練習問題

1）国際情勢の先行きは不透明である（tener un futuro incierto）.

2）私は方向音痴（no tener sentido de la orientación）なので，自分が宿泊しているホテルがどこにあるのか全く見当もつかない（no tener ni la más remota idea de ～）.

3）捕虜（el prisionero）たちは軍の厳重な監視下に置かれている（encontrarse sometido a una estrecha vigilancia）.

表現51 圧倒的多数で

香港議会は2004年にすべての職場での全面禁煙を圧倒的多数で可決した.

ヒント 香港議会 el Parlamento de Hong Kong　圧倒的多数で por aplastante mayoría　すべての職場 todos los centros de trabajo　全面禁煙 la prohibición total de fumar

解説

▶「圧倒的多数で」は por una mayoría aplastante も可能ですが, por aplastante mayoría のほうがよく使われます. 形容詞 aplastante は次のような連結で名詞の意味を強調します.

una victoria aplastante　(圧倒的勝利)
un éxito aplastante　(大成功)
una derrota aplastante　(完全な敗北)
un fracaso aplastante　(大失敗)

解答例

El Parlamento de Hong Kong aprobó en 2004 **por aplastante mayoría** una prohibición total de fumar en todos los centros de trabajo.

練習問題

1) その指揮者は初めての公演で華々しい成功を収めた (obtener un resonante éxito).
2) マンション (el piso) のリフォームで彼は法外な値段 (un precio exorbitante) を要求された.
3) 君は絶対に逃すべきではないまたとないチャンス (una oportunidad única) を手にしている.

52 表現 52

表現52 大失敗をしでかす

外務大臣は記者会見で人種差別的な発言をするという大失敗をしでかした.

ヒント 記者会見 la rueda de prensa　人種差別的な発言をする hacer un comentario racista　大失敗をしでかす cometer un error garrafal

---

解説

▶形容詞 grande は多くの名詞を修飾することができますが，一方で限定された名詞しか修飾できない強調形容詞があります．たとえば apoteósico は triunfo, victoria, resultado, final, clausura などを強調するときに使います．一方，否定的な意味の語 falta, error, equivocación, mentira などを強調するときには garrafal という形容詞を使います．

解答例

El ministro de Asuntos Exteriores **cometió un error garrafal** al hacer un comentario racista en una rueda de prensa.

練習問題

1）彼はあやしい商売（el negocio oscuro）で莫大な利益（pingües beneficios）を手にした．

2）自転車選手たちはゴールに着く（llegar a la meta）前に急な坂（la empinada cuesta）を上らなければならない．

3）インターネットの利用者（internauta, usuario con acceso a Internet）の急増で，最近ネットビジネス（el negocio electrónico）で莫大な財産を築く（amasar una inmensa fortuna）人が現われてきた．

表現 53 確固とした証拠

携帯電話の電波が健康に悪影響を及ぼすという確固とした証拠はない.

ヒント 携帯電話 el (teléfono) móvil［スペイン］, el celular［中南米］
電波 las ondas eléctricas　健康に悪影響を及ぼす perjudicar la salud
確固とした証拠 prueba evidente

解説

▶「確固とした証拠はない」と否定文ですので，pruebas evidentes を複数形の無冠詞で訳します．次に de で導かれる同格の名詞節を続けます．

▶「健康に悪影響を及ぼす」はいくつか訳し方がありますが，解答例では頻度の高い連結 perjudicar la salud で訳しておきました．

解答例

No existen **pruebas evidentes** de que las ondas eléctricas que producen los móviles perjudiquen la salud.

練習問題

1）大統領は財務大臣（el ministro de Finanzas）に全幅の信頼を置いている（tener plena confianza en ～）.

2）この国の若者には不安定な将来（un futuro incierto）が待ち受けている.

3）緊迫した国際状況（la tensión en la situación internacional）を考えると，戦争は世界中のどこでも起こりうる現実（una realidad tangible）である.

4.〈副詞 + 形容詞〉〈動詞 + 副詞〉のコロケーション

表現 54 全く食い違っている

米軍の偵察機と中国軍の戦闘機の空中接触事故の原因についての言い分は米中で全く食い違っている.

ヒント 偵察機 el avión espía　戦闘機 el caza　言い分 la versión
全く食い違っている ser diametralmente distinto

解説

▶〈副詞 + 形容詞〉のコロケーションには，他のコロケーションと派生関係が成り立つタイプと，〈副詞 + 形容詞〉の形でだけ使われるタイプがあります．前者の例として diametralmente opuesto（真っ向から対立した）があります．これは oponerse diametralmente（真っ向から対立する）のように〈動詞 + 副詞〉の連結でも使われます．後者の例として altamente fiable（信頼性の高い）があります．

解答例

1. La versión estadounidense **es diametralmente distinta de** la china sobre la causa del choque aéreo protagonizado por el avión espía norteamericano y el caza chino.
2. La versión estadounidense y la china **son diametralmente distintas** sobre la causa [...].

練習問題

1）交通事故を全くなくすことは現実的には不可能です.

2）日本では出産（el parto）が結婚に結びついている（estar vinculado con ～）ため，未婚率（el índice de soltería →*p. 124*）の増加は出生率の減少に直結している（directamente vinculado con [a] ～）.

3）エネルギーの自給率（el grado de autoabastecimiento）を高めることは我が国にとってきわめて重要な（vitalmente importante）課題です.

表現55 悲しいことに〜で有名です

この川は悲しいことに我が国で最も汚染が進んでいるということで有名です.

ヒント 悲しいことに〜で有名である ser tristemente famoso por 〜　最も汚染が進んでいる→最も汚染されている（川）el río más contaminado

解説

▶〈副詞 + 形容詞〉のコロケーションは数は多くありませんが，作文の際に覚えておくと便利なものがあります.

▶課題文も tristemente famoso（por 〜）という〈副詞 + 形容詞〉のコロケーションで訳すことができます.

解答例

Este río **es tristemente famoso por** ser el más contaminado de nuestro país.

練習問題

1）コーヒー豆（los granos de café）の香りがなくならないように袋は密閉されている（herméticamente cerrado）.

2）ミゲルはテレサに心底《しんそこ》惚れ込んでいる（perdidamente enamorado de 〜）.

3）ピカソのゲルニカ（el Guernica）は余りにも有名な（sobradamente conocido）作品です.

表現56 正面衝突する

トラックは対向車線にはみ出してバスと正面衝突した.

ヒント 対向車線にはみ出す invadir［salirse por］el carril contrario
～と正面衝突する chocar frontalmente con ～

解説

▶動詞を修飾する副詞にも動詞との相性があります．ある動詞を修飾する副詞を選ぶときもこの相性に注目してください．スペイン語の〈動詞＋副詞〉のコロケーションをいくつか挙げておきます．
comer opíparamente（豪華に食事する），recordar remotamente（かすかに覚えている），hablar atropelladamente（あわてて話す），desear fervientemente（強く望む），luchar encarnizadamente（激しく戦う），oponerse frontalmente（真っ向から対立する），traducir literalmente（直訳する→文字通り訳す）

▶課題文は chocar frontalmente という〈動詞＋副詞〉のコロケーションで訳すことができます．

解答例

El camión invadió［se salió por］el carril contrario **chocando frontalmente** con un autobús.

練習問題

1）私たちが山小屋（el refugio de montaña）に着いたときには土砂降りだった（llover torrencialmente）.

2）この文章（la frase）は日本語に直訳したのでは意味が通じません.

3）野党（el partido de la oposición）は政府が提案した（proponer）刑法改正案（el proyecto de reforma del Código Penal）をきっぱりと拒否した（rechazar categóricamente）.

5. 日本語のコロケーションを訳す

表現57　融通がきかない

領事館の仕事は融通がきかないから，1週間ではビザはとれません.

ヒント 領事館 el consulado　融通がきかない poco flexible　ビザをとる sacar el visado

解説

▶コロケーションは習慣的な連結ですから，各言語によって異なります. スペイン語のコロケーションが日本語ではコロケーションではない場合や，その逆の場合もあります.「融通がきかない」は日本語ではコロケーションですが，スペイン語にはこれに対応するコロケーションはありませんので，意味を考えて翻訳します.

解答例

Los trabajos del consulado **son poco flexibles**, por lo que no se puede sacar el visado en una semana.

練習問題

1）歯科医は患者（el/la paciente）の奥歯を抜く（extraer）前に，麻酔をかけた（anestesiar）.

2）不意をつかれれば，誰でもあわてる（perder la calma）.

3）ローマ法王ヨハネ・パウロ2世（el papa Juan Pablo II）は3日間生死の境をさまよった（debatirse entre la vida y la muerte）後，84歳で（→*p. 175*）死去した.

表現58 実験に成功する

米国は先月ミサイル迎撃用防衛システムの実験に成功した.

ヒント ミサイル迎撃用防衛システムの実験 la prueba del sistema de defensa antimisiles　～に成功する realizar［llevar a cabo］con éxito

解説

▶日本語とスペイン語は系統の全く異なる言語ですから，スペイン語に翻訳しにくい日本語の表現が必ずあります．日本語の「～に成功する」もその一つです．これを動詞で訳すのではなく副詞句 con éxito を使うとうまく訳せます．「実験に成功した」を「うまく実験を行った」と考えて realizar con éxito una prueba とするわけです．

解答例

El mes pasado Estados Unidos **realizó**［**llevó a cabo**］**con éxito una prueba** de su sistema de defensa antimisiles.

練習問題

1）日本のロケット（el cohete japonés）H2A は2005年2月に打ち上げに成功した．（lanzar con éxito を使って）

2）税制改革（la reforma fiscal）に成功しなければ，現総理は辞任し（presentar su dimisión）なければならないだろう．

3）この映画は，カンヌ映画祭（el Festival de Cine de Cannes）でセンセーションを巻き起こした（causar sensación）が，興行的には成功しなかった（no tener éxito comercial）．

第4章

機能表現

第4章では，意志・意図・願望・希望・期待・必要・義務・可能・不可能・進行・継続・類似・相違を示す表現や，感情表現や性格の表現など，機能別にスペイン語の表現を学習します．たとえば意志や意図を表すには高頻度で使われるパターン化した表現があります．作文能力を高めるためには，これらの表現に習熟することも必要になってきます．

表現 59　〜が最新の研究で明らかになった

両生類の3分の1が絶滅の危機にあることが最新の研究で明らかになった.

ヒント 両生類 los anfibios　〜の3分の1 →*p. 125*　絶滅の危機にある estar en peligro de extinción　最新の研究 los últimos estudios, los estudios más recientes

---

解説

▶「最新の研究」を主語にする場合（解答例1）は revelar の他に mostrar, demostrar, evidenciar, poner de relieve, poner de manifiesto などの動詞（句）を使うことができます．この構文では情報源になる名詞（datos, estadística, estudio, sondeo）が主語になります：

例．Los datos demuestran que 〜（データが〜を示している）

▶解答例2は「最新の研究によれば」と考えて訳した例です．

解答例

1. **Los últimos estudios revelan que** una tercera parte de los anfibios está en peligro de extinción.
2. **Según los estudios más recientes**, un tercio de los anfibios está en peligro de extinción.

練習問題

1）観光調査（los estudios turísticos）によると，2019年に京都を訪れた観光客が5,300万人を突破した（→*p. 156*）ことが明らかになった．

2）いくつかの調査によれば，世界の電子商取引額（el comercio electrónico）は2030年には6兆ドルに達すると予測されている．

3）最新の研究によると，青魚（el pescado azul）に豊富に含まれる脂肪酸（los ácidos grasos）のDHAとEPAに血液をサラサラにする（disminuir la viscosidad de la sangre）効用があることが確証された．

表現60 ～する意向である［意志・意図］

現市長は次回の選挙に再出馬する意向である.

ヒント 現市長 el actual alcalde, la actual alcaldesa　再出馬する volver a presentarse como candidato［ta］　～する意向である tener intención de +不定詞句，tener el propósito de +不定詞句

解説

▶「～する意向である」は〈tener intención de +不定詞句〉または〈tener el propósito de +不定詞句〉で訳せます.〈intentar +不定詞句〉（～しようと試みる）と〈tener intención de +不定詞句〉（～するつもりである）は意味が異なりますので注意してください.

解答例

El actual alcalde **tiene intención de** volver a presentarse como candidato en las próximas elecciones.

練習問題（次頁リスト参照）

1）次回の総選挙で日本医師会（la Asociación Japonesa de Médicos）は野党を支持する意向である.

2）観光協会（la Asociación Turística）はその地域の冬の観光を促進するためにキャンペーンを実施する（realizar una campaña）予定である.

3）石油輸出国機構（la OPEP）は原油（el crudo）の生産を来月から100万バーレル（un millón de barriles）縮小する（→*p. 156*）意向である.

◆意志や意図を示す表現

pensar ＋不定詞句　（〜するつもりである）

tener previsto ＋不定詞句　（〜する予定である）

tener intención de ＋不定詞句　（〜する意向である/〜するつもりである）

tener el propósito de ＋不定詞句　（〜する意向である/〜するつもりである）

tener el proyecto de ＋不定詞句　（〜する計画である）

con la intención [el propósito] de ＋不定詞句　（〜するつもりで）

Ella **se cree** una cantante.

（彼女は歌手**のつもりでいる**）

No ha sido mi intención ofenderlo [ofenderla] .

（あなたを怒らせる**つもりではありませんでした**）

61 表現 61

表現61 希望を抱く［願望・希望・期待］

私の娘は夢がいつか現実になるという希望を抱いている.

ヒント （夢が）現実になる hacerse realidad　～という希望を持つ tener la esperanza de＋不定詞句，tener la esperanza de que＋接続法

解説

▶願望・希望・期待を示す表現はたくさんあります．代表的な動詞は querer, desear, gustar, esperar などですが，複合述部として名詞や形容詞を使うこともできるので，日本語の内容に応じてどの形式を選ぶかが大事です．課題文は「～という希望」となっていますので，名詞 esperanza に同格の名詞節をつけて訳します．

解答例

Mi hija **tiene la esperanza de** que su sueño se haga un día realidad.

練習問題（次頁リスト参照）

1）自分たちの町が犯罪（la delincuencia）のない安全な町（una ciudad segura）でありたいと住民たち（los vecinos）は願っている．

2）人質（el rehén）の家族たちは人質の早期の解放を望んでいる．
（estar ansioso por ～を使って）

3）運送業者（los transportistas）は新東名高速道路（la autopista Shin-Tomei）の早期の全面開通を期待している．

◆願望・希望・期待の表現

querer ＋名詞句/不定詞句/que ＋接続法（名詞節）

Quiero una casa con jardín.
（私は庭つきの家が**欲しい**）

Hay gente que no puede ir a la universidad aunque lo **quiera**.
（大学へ**行きたくて**も行けない人もいるのです）

Quiero leer un libro interesante.
（私はおもしろい本が読み**たい**）

tener ganas de ＋不定詞句/que ＋接続法（名詞節）［口語］

Ahora no **tengo ganas de** hablar con nadie.
（今，私は誰とも**話したく**ありません）

Tengo ganas de que lleguen cuanto antes las vacaciones.
（できるだけ早く夏休みがきて**ほしい**）

gustar

Me gustaría ir a España a estudiar.
（**是非**スペインへ留学して**みたいです**）

desear ＋名詞句/不定詞句/que ＋接続法（名詞節）

Te **deseo** mucha suerte.
（君の幸運を**願っています**）

Te **deseo que** seas muy feliz.
（君がとても幸せになることを**願っています**）

estar deseoso de ＋名詞句/不定詞句/que ＋接続法（名詞節）

Estoy deseosa de ir a México.
（私［女性］はとてもメキシコへ行き**たい**）

（tener, expresar）el deseo de que ＋接続法（同格名詞節）

El secretario general de la ONU **ha expresado el deseo de que** se llegue al cese de las hostilidades entre ambos países.

（国連の事務総長は両国間の敵対関係が終わることを**望むと表明した**）

anhelar ＋名詞句・不定詞句（強く望む）

Un amigo mío **anhela**（**tener**）riquezas, prestigio y salud.

（ある私の友人は富と名声と健康を**渇望している**）

（estar） anheloso por ＋不定詞句

（estar） ansioso de［por］＋不定詞句

Estoy ansiosa por visitar de nuevo el Museo del Prado.

（私はもう一度プラド美術館へ**行きたくて**仕方がない）

Hay gente que **está ansiosa de** vivir con todo tipo de lujos.

（ぜいたくな暮らしを**とてもしたがっている**人々がいる）

esperar que ＋接続法（名詞節）

Espero que la selección japonesa se clasifique para los Mundiales.

（私は日本代表がワールドカップの出場権を獲得すること**を期待している**）

tener la esperanza de ＋不定詞句/que ＋接続法（同格名詞節）

Mi padre **tiene la esperanza de** recobrar la salud.

（私の父は健康を取り戻したい**と願っている**）

表現62 ～しなければならない［必要・義務］

良い役者はいろいろな人物を演じることができなければならない.

ヒント 役者 el actor, la actriz　いろいろな人物を演じる interpretar diversos personajes　～しなければならない tener que ＋不定詞句

解説

▶特定の役者ではなく，役者について一般的なことを述べていますので，男性形の actor に不定冠詞をつけて訳します.

▶「～しなければならない」は〈tener que ＋不定詞句〉で訳します.「演じることができる」は役者の能力のことを言っているので poder ではなく saber を使います.

解答例

Un buen actor **tiene que saber** interpretar diversos personajes.

練習問題（次頁リスト参照）

1）日本の水道の水質は，水道法（la Ley del Agua）に基づく水質基準を満たす（cumplir las normas）ことが義務づけられている.

2）火災予防条例（las ordenanzas de Prevención del Incendio）の改正により，東京都では住宅を新築または改築する場合，火災警報器（la alarma contra incendios）を設置する（instalar）ことが義務づけられている.

3）工場は産業廃棄物（residuos industriales）の処理（el tratamiento）に一定の責任を負う（asumir determinada responsabilidad）べきである.

◆必要・義務の表現

Es necesario［preciso］＋不定詞句　（～することが必要である）

Es urgente ＋不定詞句　（～することが急がれる）

Es indispensable ＋不定詞句　（～が不可欠である）

Hace falta ＋不定詞句　（～することが必要である）

verse en la necesidad de ＋不定詞句　（～する必要に迫られている）

Me veo en la necesidad de operarme.
（私は手術を受け**なければならない**）

Hay necesidad de ＋不定詞句［無主語］（～する必要がある）

El partido gubernamental insiste en que **hay necesidad de** reformar la Constitución.
（与党は憲法を改正する**必要がある**と主張している）

tener necesidad de ＋不定詞句　（～する必要がある）

Nuestro país **no tiene necesidad de** enfrentarse a los países vecinos.
（我が国は近隣諸国と対立する**必要はない**）

necesitar, requerir, exigir　（必要とする）

El cultivo de la orquídea **requiere** cuidados especiales.
（ランの栽培には特別な世話が**必要です**）

Este directorio **exige** una actualización.
（この住所録は新しくする**必要がある**）

deber ＋不定詞句　（～すべきである）

tener que ＋不定詞句　（～しなくてはならない）

haber de ＋不定詞句［無主語］　（～しなくてはならない）

haber que ＋不定詞句［無主語］　（～しなくてはならない）

tener la obligación de ＋不定詞句　（～する義務がある）

El Estado **tiene la obligación de** garantizar la seguridad de su pueblo.
（国は国民の安全を保障する**義務がある**）

コラム　必要・義務の表現の否定形

〈deber ＋不定詞句〉と〈tener que ＋不定詞句〉の否定形は注意が必要です.〈no deber ＋不定詞句〉は「～すべきでない」という意味になりますが,〈no tener que ＋不定詞句〉は「～する必要がない, ～しなくてよい」という意味になります.

No debemos trabajar los domingos.　（私たちは日曜日に**働くべきではない**）
No tenemos que trabajar los domingos.　（私たちは日曜日に**働かなくてよい**）

また〈deber de ＋不定詞句〉は「～にちがいない」という推測を示します. ただし de が省略される場合があります. つまり〈deber ＋不定詞句〉は「～すべきである」と「～にちがいない」の義務と推測の意味で使われることがあるわけです.

表現63 ～せざるをえない

経済的理由によって進学を断念せざるをえない若者も少なくない.

ヒント 経済的理由 por razones económicas　～せざるをえない verse obligado a+ 不定詞句，no tener más remedio que ＋不定詞句

解説

▶他に選択肢がなくて「～するよりほか仕方がない」場合は次の表現を使います．構文の違いに注意してください．

no tener más remedio que ＋不定詞句

no hay más remedio que ＋不定詞句　［無主語文］

no quedarle a alguien más remedio que ＋不定詞句（remedio が主語）

más remedio の代わりに otro remedio を使うこともあります．

▶文語的な表現として，次の言い方があります．

verse［estar］obligado a ＋不定詞句　（～せざるをえない）

verse en la obligación de ＋不定詞句　（～せざるをえない）

解答例

No son pocos los jóvenes que **se ven obligados a** desistir de acceder a una escuela superior por razones económicas.

練習問題

1）町長（el alcalde）は住民の反対で刑務所の建設計画（el proyecto de construcción de una prisión）を断念せざるをえなかった．

2）長い間失業していた（llevar mucho tiempo sin trabajo）ので，私は夜勤の仕事（el trabajo nocturno）を受け入れざるをえなかった．

3）準決勝（la semifinal）での足の負傷（la lesión en el pie）のため，そのテニス選手（女性）は決勝戦（la final）を欠場（no jugar）せざるをえなかった．

表現64 必要以上に心配する

エコノミークラス症候群は，統計的にみてけっして多い病気ではなく，必要以上に心配することはない．

ヒント エコノミークラス症候群 el síndrome de la clase turista, la trombosis venosa profunda　必要以上に心配する preocuparse más de lo necesario

---

解説

▶「～するには及ばない」は〈no haber que ＋不定詞句〉〈no tener que ＋不定詞句〉で訳すことができます．課題文は主語が特定されていませんので，前者を使います．

▶〈más de lo ＋形容詞〉は動詞を修飾する副詞句として使われます．

hablar más de lo necesario	（必要以上に話す）
cobrar más de lo debido	（必要以上に徴収する）
llover más de lo previsto	（予想以上に雨が降る）
trabajar más de lo normal [habitual]	（通常以上に働く）
exigir más de lo razonable	（常識を超えて要求する）
tardar más de lo establecido	（規定以上に時間がかかる）

解答例

Estadísticamente, el síndrome de la clase turista no es una enfermedad frecuente, por lo que no hay que **preocuparse más de lo necesario**.

練習問題

1）救急車（la ambulancia）の到着は必要以上に時間がかかった．（tardar más de lo debido を使って）

2）昨日は雪の影響でふだんの2倍（→*p. 137*）の計30件の交通事故が起きた．

3）デフレ（la deflación）は予想以上に長引いた．

表現65 〜するのがむずかしい

花粉症は治療のむずかしい病気です.

ヒント 花粉症 la alergia al polen, la polinosis　治療のむずかしい病気→治すのがむずかしい病気 una enfermedad difícil de curar, una enfermedad de difícil curación

---

解説

▶ difícil, fácil, sencillo, imposible などの形容詞は〈形容詞 + de + 不定詞〉の形で「〜するのが…である」という意味を示します.

una pregunta **difícil de contestar**　（答えるのがむずかしい質問）

una persona **fácil de convencer**　（説得しやすい人）

un suceso **imposible de olvidar**　（忘れることのできない出来事）

課題文の「治療のむずかしい病気」は「治すのがむずかしい病気」のことですから una enfermedad difícil de curar となります.

▶不定詞として使われる動詞に派生名詞がある場合は, 解答例2のように〈de + 形容詞 + 名詞〉で訳すこともできます. （→次頁コラム）

varios problemas **difíciles de solucionar** [**de difícil solución**]
（解決がむずかしい諸問題）

解答例

1. La alergia al polen es **una enfermedad difícil de curar.**
2. La polinosis es **una enfermedad de difícil curación.**

練習問題

1）領土問題（el conflicto territorial）は解決が困難な外交問題である.

2）当選後に（después de salir elegido）所属政党を変えることは政治的に弁明する（justificar）のがむずかしい行為である.

3）そのアスリート（el/la atleta）が樹立した世界新記録は破る（→*p.* 60）のがむずかしいものである.

コラム 「〜するのが困難な・容易な」の訳し方

〈difícil de＋不定詞〉または〈fácil de＋不定詞〉は，不定詞として使われる動詞に派生名詞や -ble で終わる形容詞がある場合は，次のような言い方も可能です．例を見てください．

a）una expresión **difícil de traducir** （**翻訳するのがむずかしい**表現）
b）una expresión **de difícil traducción** （**翻訳困難な**表現）
c）una expresión **difícilmente traducible** （**翻訳しにくい**表現）

a）は〈difícil de＋不定詞〉，b）は〈de difícil＋名詞〉，c）は〈difícilmente＋形容詞〉の構造になっています．これは traducir の派生語の traducción（名詞）と traducible（形容詞）を利用した表現です．fácil, fácilmente を使った例を見てみましょう．

un problema **fácil de solucionar** （**解決するのが容易な**問題）
un problema **de fácil solución** （**解決が簡単な**問題）
un problema **fácilmente solucionable** （**容易に解決できる**問題）

以上の表現を応用して，「この問題は容易に解決できる」は次のように訳すことができます．

Este problema es **fácil de solucionar**.
Este problema tiene **fácil solución**.
Este problema es **fácilmente solucionable**.

動詞 ser と tener を使う点に注目してください．

表現66 （～する）可能性がある［可能・不可能］

金融危機が起こって，倒産する銀行が増える可能性がある.

ヒント 金融危機が起こる producirse〈una crisis financiera〉［主語］　倒産する銀行が増える→銀行の倒産の増加 un aumento de quiebras de bancos
～する可能性がある Existe la posibilidad de que ＋接続法，Hay posibilidad de que ＋接続法

解説

▶ posibilidad（可能性）の程度を表す場合は形容詞を使います.

La posibilidad es **escasa.**（可能性は**わずかである**）

La posibilidad es **grande.**（可能性は**大きい**）

▶課題文の「倒産する銀行が増える可能性がある」をすべて動詞で訳すと文の構造が複雑になるので，これを避けるために名詞句（aumento de quiebras de bancos）を使います.

▶「可能性がある」の「ある」は existir か haber で訳すことができますが，文の構造が異なります.〈Existe la posibilidad de que ～〉では la posibilidad は文法上の主語ですが，〈Hay posibilidad de que ～〉では posibilidad は直接補語です.

解答例

1. **Existe la posibilidad de que** se produzca una crisis financiera que provocará un aumento de quiebras de bancos.
2. **Hay posibilidad de que** se produzca una crisis financiera con el consiguiente aumento de quiebras de bancos.

練習問題（次頁リスト参照）

1）今日《こんにち》では世界のどの都市でもテロ攻撃が起こる可能性がある.

2）鳥インフルエンザ（la gripe del pollo, la gripe aviar）が広がる危険がある.

3）車椅子（la silla de ruedas）を使っている身障者（el discapacitado）にとって公共のトイレの大部分は使用が不可能な状況にある.

◆**可能・不可能の表現**

Existe la posibilidad de que ＋接続法（～する可能性がある）

Hay posibilidad de que ＋接続法（～する可能性がある）

Hay posibilidad de que este conflicto termine en una guerra.

（この紛争は戦争になってしまう**可能性がある**）

Existe el peligro de que ＋接続法（～する危険がある）

Hay peligro de que ＋接続法（～する危険がある）

Hay peligro de que el fuego se extienda a los edificios contiguos.

（火事が隣接するビルに広がる**危険がある**）

verse [hallarse, encontrarse] en la imposibilidad de ＋不定詞句

El Banco Popular de China **se vio en la imposibilidad de** mantener el sistema de cambio fijo del yuan.

（中国人民銀行は人民元の固定相場制を維持するのが**不可能な状況に追い込まれた**）

Las compañías discográficas **se encuentran en la imposibilidad** de impedir la piratería del CD.

（レコード会社が CD の海賊版を阻止することは**不可能な状況にある**）

Me es imposible ＋不定詞句（私には不可能です）

Me es imposible atender tantas llamadas telefónicas.

（こんなにたくさんの電話に応対することは**私には無理です**）

表現67 発言から推測すると～と考えられる

首相の発言から推測すると，衆議院の解散も選択肢に入れていると考えられる．

ヒント 衆議院の解散 la disolución de la Cámara de Representantes
～を選択肢に入れている → ～を選択する可能性がある poder optar por ～
...から推測すると～と考えられる de...se desprende que ～

解説

▶「...から～と推測される」「...から推測すると～と考えられる」は desprender もしくは deducir を使った次の言い方がよく使われます．

De ＋名詞句＋ se desprende que ＋直説法

De［Por］＋名詞句＋ se deduce que ＋直説法

解答例

De sus palabras se desprende que el primer ministro puede optar por la disolución de la Cámara de Representantes.

練習問題

1）気象庁（la Agencia Meteorológica）から発表されたデータによると，大都市のヒートアイランド現象（el fenómeno de la isla de calor）は今後ひどくなると考えられる．

2）5千人の子供に対して行われた調査によると，テレビの暴力シーン（las escenas violentas）は子供の攻撃性につながる（conducir a su agresividad）可能性があると考えられる．

3）アスベスト（el asbesto）が原因の死亡者数の多さから，アスベストによる健康被害（los daños causados por ～ en la salud）は想像以上に深刻であると推測される．

68 表現 68

表現68 徐々に増加している［進行・継続］

男性の間でも骨《こつ》粗《そ》鬆《しょう》症の割合が徐々に増加している.

ヒント 骨粗鬆症 la osteoporosis　徐々に増加している ir aumentando poco a poco, ir incrementándose poco a poco

---

解説

▶〈estar ＋現在分詞〉は進行や継続を示す代表的な形式ですが，スペイン語にはこれ以外にも多くの「進行・継続の表現」があります．解答例は〈ir＋ 現在分詞〉で訳してあります.

▶解答例では la tasa de osteoporosis が文法上の主語になっています.

解答例

Va aumentando poco a poco la tasa de osteoporosis entre la población masculina [entre los varones].

練習問題（次頁リスト参照）

1）少子化（la baja natalidad）の影響で，大学に進学する人は減り続けている.

2）過去20年間熱帯地方（las zonas tropicales）の森林面積（la superficie forestal）は加速度的（aceleradamente）に減少している.

3）インターネット通販（la compra por Internet）で使われた購入者の個人情報（datos personales）が不正に（ilegalmente）利用される事件が続発している.

◆進行・継続の表現

El clima **va cambiando** a escala mundial.
（気候は世界的な規模で**変わってきている**）

El número de extranjeros residentes en España **sigue aumentando**.
（スペインの外国人居住者の数は**増え続けている**）

Los precios **no han dejado de subir**.
（物価は**上昇し続けている**）

Los precios **continúan subiendo**.
（物価は**上昇し続けている**）

El precio de la vivienda en Tokio **sigue aumentando**, aunque **continúa registrándose una leve desaceleración**.
（上昇のスピードは**わずかに鈍ってきているものの**，東京の住宅価格は**上がり続けている**）

El edificio **está en obras**.
（このビルは**工事中です**）

Mi marido **está a dieta** [**a régimen**] para perder peso.
（私の夫は減量のために**ダイエット中です**）

Las instalaciones deportivas **están en fase de ampliación**.
（スポーツ施設は**増築中です**）

El proyecto de presupuestos para el nuevo año fiscal **está en fase de debate** en la Cámara de Representantes.
（新会計年度の予算案は衆議院で**審議中です**）

Este problema **está en vías de** solución.
（この問題は解決**に向かっている**）

Con la urbanización muchas casas tradicionales **están en vías de desaparición** [**desaparecer**].
（都市開発に伴って多くの伝統的な家屋は**消えようとしている**）

表現69 (〜に) 似ている [類似]

その子は頑固なところが父親に似た.

ヒント 〜が誰かに似る salir a alguien en 〜, parecerse en 〜
頑固なところ lo terco, la terquedad

解説

▶動詞 parecerse a 〜 で訳すことができますが（解答例1），性格などが似ている場合は salir も使うことができます（解答例2）．salir は現在形ではなく現在完了形や点過去形で使いますので注意してください．

▶ parecerse は主語を何にするかによって次の2通りの構文が可能です：

La niña **se parece a** su madre.
（その少女は母親に似ている）

La niña y su madre **se parecen.**
（その少女と母親は似ている）

解答例

1. El niño **se parece a su padre en** la terquedad.
2. El niño **ha salido a su padre en** lo terco [en la terquedad].

練習問題（次頁リスト参照）

1）私は母より父に似ています（parecerse a 〜）.

2）ヒトには類人猿（los antropomorfos）との間に類似点が多くあります.

3）昨今の経済状況は，1929年の世界恐慌（la crisis económica mundial）前の状況に似ている.

◆**類似の表現**

parecerse a ～　（～と似ている）

ser similar a ～　（～と類似している）

ser parecido a ～　（～と似ている）

ser semejante a ～　（～と似ている）

ser idéntico a ～　（～と同一である）

parecerse mucho a ～　（～にとても似ている）

Todas las publicidades televisivas **se parecen mucho entre sí**.

（テレビのコマーシャルはどれも**とても似通っている**）

Usted **tiene algún parecido con** aquel famoso actor de cine.

（あなたはあの有名な映画俳優**とどこか似たところがあります**）

Ella y su madre **se parecen como dos gotas de agua**［**como un huevo a otro**］.

（彼女はお母さんと**瓜二つである**）

Ella es **la viva estampa de** su madre.

（彼女はお母さんに**生き写しだ**）

表現70 （～において）見解が異なる［相違］

首相と外務大臣は外交政策において異なる見解を持っている.

ヒント 外務大臣 el ministro [la ministra] de Asuntos Exteriores［スペイン］, el ministro [la ministra] de Relaciones Exteriores［中南米］ 外交政策 la política diplomática ～において異なる見解を持つ tener opiniones diferentes en ～, tener discrepancias en ～

解説

▶「異なる見解を持つ」はいくつかの訳が可能です. 動詞 discrepar を使うと,「見解」を表す opinión を使わずに訳すことができます（解答例1）. 形容詞 diferente を使うと tener opiniones diferentes となります（解答例2）. 名詞 discrepancia は「意見などの相違」の意味がありますので, tener discrepancias という複合述部で訳します（解答例3）.

解答例

1. El primer ministro **discrepa de**l ministro de Asuntos Exteriores **en** política diplomática.
2. El primer ministro y el ministro de Asuntos Exteriores **tienen opiniones diferentes en** política diplomática.
3. El primer ministro y el ministro de Asuntos Exteriores **tienen discrepancias en** política diplomática.

練習問題（次頁リスト参照）

1）30年前と違って（a diferencia de ～）, 現代の高齢者はより高い購買力（el poder adquisitivo）を持っている.

2）この二人の兄弟は外見（el físico）も性格も異なっている.

3）実験（el experimento）で得られたデータは実験前の計算上の（calculado）データと若干異なっている（presentar una ligera diferencia con ～）.

◆相違の表現

Discrepo de usted **en** la manera de viajar.
（私はあなたと旅行の仕方**が異なります**）

Aunque se parecen mucho, su vestido **es diferente de**l mío.
（とてもよく似ているが，彼の服と私の**は異なる**）

Mi opinión **es diferente a** la tuya.
（私の意見は君の**と異なる**）

Mi opinión **es distinta a** la tuya.
（私の意見は君の**と異なる**）

Mi opinión **discrepa de** la tuya.
（私の意見は君の**と異なる**）

Tu opinión y la mía **son distintas**.
（君の意見と私の意見は**違う**）

¿Qué le parece **la diferencia de edad** en el amor?
（恋愛における**年齢の差**をどう思いますか？）

Con tanta diferencia de opiniones, nos resulta difícil llegar a un acuerdo.
（**意見の違いがあり過ぎるので**，私たちが合意に達することはむずかしい）

La diferencia entre nosotros está en que tú eres más rico que yo.
（**僕たちの違いは**君が僕より裕福だということだ）

Hay una gran diferencia entre mi vida antes de la jubilación y la actual.
（退職前と現在の私の生活には**大きな違いがある**）

Existe una diferencia de ideas políticas entre ellos.
（彼らには政治的な考え方に**大きな相違がある**）

A diferencia de lo que sucede en Tokio, Hiroshima no tiene grandes atascos de tráfico.
（東京**と違って**，広島には大渋滞はない）

表現71 感情に流される［感情表現1］

社会生活においては感情に流されるのでなく，感情をコントロールすることが大事です．

ヒント 社会生活 la vida social　感情に流される dejarse llevar［arrastrar］por sus sentimientos　感情をコントロールする controlar sus sentimientos

---

解説

▶名詞 sentimiento は次のような表現を作ります．

un sentimiento de ternura（やさしい気持ち）/un sentimiento de repulsa contra ～（～に対する嫌悪感）/un sentimiento de culpabilidad（罪悪感）/un sentimiento de solidaridad（連帯感）/un sentimiento de superioridad（優越感）/un sentimiento de inferioridad（劣等感）/exteriorizar sus sentimientos（感情を表に出す）/expresar［manifestar］sus sentimientos（感情を表現する）/transmitir sus sentimientos（気持ちを伝える）/ocultar sus sentimientos（感情を隠す）/herir los sentimientos de alguien（誰かの感情を傷つける）/ dejarse llevar por sus sentimientos（感情に流される）/controlar sus sentimientos（感情を抑える）

解答例

Lo importante en la vida social no es **dejarnos llevar**［**arrastrar**］**por nuestros sentimientos**, sino **controlarlos**.

練習問題

1）その国会議員（el parlamentario）はすぐに感情を表に出すので，外務大臣にはふさわしくないと私は思います．

2）彼女は感情の起伏が激しい（ser muy inconstante en sus sentimientos, tener muchos altibajos de humor）ので，つき合いづらい．

3）失業率（la tasa de desempleo →*p. 124*）が増加して，若者たちに無力感（el sentimiento de impotencia）が生じている．

72 表現 72

表現72 がっかりする［感情表現2］

先日行われた総選挙への有権者の関心の低さに私は大いにがっかりさせられた.

ヒント 総選挙 las elecciones generales　有権者 el elector, la electora, el/la votante, el electorado［集合名詞］　がっかりさせる decepcionar

解説

▶「喜怒哀楽」などの感情を表す表現はたくさんあります（次頁リスト参照）. decepcionar を例にとり注意点を確認しましょう.

a）スペイン語では喜怒哀楽を表すには主に再帰動詞で使います.

Me decepcioné con la noticia.（再帰動詞）（私はその知らせに**落胆した**）

b）原因となる事柄が文法上の主語になる場合は他動詞を使います.

La noticia me **decepcionó**.（他動詞）（その知らせは私を**落胆させた**）

c）通常，動詞に対応する〈動詞＋名詞句〉（複合述部）があります.

Me llevé una decepción con la noticia.（複合述部）
（私はその知らせに**落胆した**）

どの動詞もこの三つの言い方が可能なわけではありませんが，可能性として考える習慣をつけてください.

解答例

Me decepcionó mucho［Me llevé un gran chasco con / Me causó una gran desilusión］el poco interés que mostraron los electores por las elecciones generales celebradas el otro día.

練習問題（次頁リスト参照）

1）心配しなくていいよ．彼の怒りはすぐにおさまるから.
（pasársele el enfado を使って）

2）入学試験（el examen de ingreso）に合格して，彼女は喜びではちきれそうだった.（llenar de alegría a alguien を使って）

3）私を解雇した（despedir）会社を恨んでいないと言えば嘘になるでしょう.
（sentir rencor contra ～を使って）

◆喜怒哀楽の表現

alegría（喜び）:	sentir alegría（喜びを感じる） alegrarse（喜ぶ） mostrar [manifestar, expresar] su alegría por ～（～に対して喜びを表す）
enfado（怒り）:	enfadarse（怒る）
enojo（怒り）:	enojarse（怒る）
ira（怒り）:	en un arrebato de ira（かっとなって）
indignación（憤り）:	causar indignación（憤慨させる） indignarse（憤慨する）
tristeza（悲しみ）:	sentir tristeza por ～（～を悲しむ） entristecerse por ～（～を悲しむ）
disgusto（不快感）:	sentir disgusto por ～（～を不快に思う） llevarse un disgusto（不快な思いをする） acarrear un disgusto（不快な思いをさせる） disgustarse（怒る）
repugnancia（嫌悪感）:	sentir repugnancia（嫌悪感を感じる） inspirar repugnancia a ～（～に嫌悪感を催させる）
esperanza（希望）:	abrigar [acariciar] esperanza（希望を抱く）
sorpresa（驚き）:	llevarse una sorpresa（驚く） sorprenderse（驚く）
susto（驚き）:	llevarse un susto（びっくりする） asustarse（びっくりする）
decepción（失望・落胆）:	llevarse una decepción [un chasco]（落胆・失望する） decepcionarse（落胆・失望する）
desilusión（幻滅）:	llevarse una desilusión（幻滅する） desilusionarse（幻滅する）

desprecio（軽蔑）：	tener un profundo sentimiento de desprecio por ～（～を深く軽蔑する）
	despreciar（軽蔑する）
respeto（尊敬の念）：	tener un profundo sentimiento de respeto por ～（～を深く尊敬する）
	respetar（尊敬する）
orgullo（誇り）：	enorgullecerse de ～（～を誇りに思う）
	estar orgulloso de ～（～を誇りに思う）
	llenar de orgullo（a alguien）（誰かをとても誇らしい気持ちにさせる）
rencor（恨み）：	guardar rencor a ～（～を恨む）
	sentir rencor contra ～（～に対して恨みを抱く）
resentimiento（恨み，不快感）：	
	resentirse por ～（～を面白くなく思う）
miedo（怖れ）：	tener miedo a ～（～が怖い）
	pasar miedo（怖い思いをする）
	morirse de miedo（死 ほど怖い）
compasión（同情・哀れみ）：	
	sentir compasión por ～（～に同情する）
	compadecerse de ～（～に同情する）
odio（憎しみ）：	sentir odio por ～（～を憎む）
	tener odio a ～（～を憎む）
	odiar（憎む）
preocupación（心配）：	tener preocupación por ～（～を心配する）
	preocuparse por ～（～を心配する）
	con preocupación（心配して）
vergüenza（恥ずかしさ）：	tener vergüenza（恥ずかしい）
envidia（羨望の念）：	sentir envidia por ～（～を羨む）
	tener envidia a ～（～を羨む）

表現73 性格を表現する

年をとるにつれて，彼はだんだん内向的な性格になった.

ヒント 年をとる hacerse mayor, cumplir años　だんだん〜する hacerse cada vez más 〜　内向的な introvertido

---

解説

▶人間の性格は多様です. したがって性格を示す言い方も無数にあります. 基本的には tener un carácter introvertido（内向的な性格である）のように carácter（性格）や temperamento（気質，気性）を使ってそれに修飾語をつける方法と，性格を示す形容詞を使う方法があります. この他に慣用句などもありますので，次頁のリストを参考にして，少しずつレパートリーを広げてください.

▶解答例1は hacerse を使って，解答例2は tener を使って訳してあります. 時制の違いに注意してください.

解答例

1. A medida que se va haciendo mayor, **su carácter se ha hecho cada vez más introvertido.**
2. Con el paso de los años, él **tiene un carácter cada vez más introvertido.**

練習問題

1）カルロスは気の弱い（de carácter débil）男だが，職場では部下（el/la inferior）にとても厳しい.

2）彼は優柔不断な性格（carácter dubitativo）なので，何事も自分で決められない.

3）私は意志がとても弱い（tener muy poca voluntad）ので，どうしても禁煙することができません.

◆性格の表現

carácter（性格）/**temperamento**（気質，気性）

tener buen carácter（性格がいい）

tener un carácter muy reservado（とても控えめな性格である）

tener mucho carácter/tener un carácter fuerte（気が強い）

tener poco carácter（気が弱い）

tener un temperamento fuerte（気性が激しい）

tener mucha (fuerza de) voluntad（意志が強い）

tener poca (fuerza de) voluntad（意志が弱い）

una persona de voluntad débil［endeble］（意志薄弱な人）

tener paciencia（気が長い）　tener poca paciencia（気が短い）

introvertido（内向的な）　tímido（内気な，気の小さい）

cerrado（閉鎖的な）　reservado（控えめな）

esquivo（無愛想な，非社交的な）　hosco（無愛想な，不親切な）

ácido, agrio（無愛想な，不親切な）

extrovertido（外向的な）　comunicativo（社交的な）

sociable（社交的な）　alegre（陽気な，朗らかな）

franco（気さくな）　campechano（気さくな）

simpático（感じのいい，人あたりが良い）

audaz（大胆な）

generoso（寛大な，心の広い，気の大きい）

una persona de mente estrecha（度量の狭い人）

serio（真面目な）　poco serio（不真面目な）

frívolo（軽薄な，不真面目な）

aplicado（勤勉な）　diligente（勤勉な）

perezoso（怠け者の）　holgazán（怠け者の）

severo（厳しい）　indulgente（寛容な）

atento（気のつく）　solícito（気のつく）

sensible（感受性の強い，感じやすい）

hogareño（家庭的な）

curioso	（好奇心旺盛な）		
rencoroso	（恨みっぽい，執念深い）		
caprichoso	（気まぐれな）		
concienzudo	（几帳面な）		
ingenuo	（無邪気な，純真な）	inocente	（無邪気な）
arrogante	（傲慢な，横柄な）		
modesto	（謙虚な，控えめな）	humilde	（謙虚な，控えめな）
terco	（頑固な）	tozudo	（頑固な）
dócil	（素直な，従順な）	obediente	（従順な）
amable	（親切な，やさしい）	gentil	（やさしい）
dulce	（やさしい）		
malicioso	（意地の悪い）	perverso	（意地の悪い）
malvado	（意地の悪い）		
callado	（無口の）	sosegado	（おとなしい）
tranquilo	（落ち着いた）		
nervioso	（神経質な，落ち着きのない）		
astuto	（ずるい，抜け目のない，狡猾な）		
fresco	（ずうずうしい，厚かましい）		
sincero	（誠実な）		

74 表現 74

表現74 **お腹が出る［身体特徴］**

彼は結婚してからお腹が出はじめた.

ヒント 腹が出る echar barriga

解説

▶身体の外見的な特徴を示す表現はたくさんあります．身体部位の名称といっしょに使われる形容詞などに注意してください．次頁に簡単なリストを挙げておきます．

▶「お腹が出る」は echar barriga という表現があります．「（とても）お腹が出ている」という状態は tener（mucha）barriga と言います．

解答例

Después de casarse, él **empezó a echar barriga**.

練習問題（次頁リスト参照）

1）彼らが兄弟なんて私には思えません．だって兄さんのほうはずんぐりしているのに，弟はとてもすらっとしているからです．

2）逃走した強盗（el atracador）の一人は中肉中背（ser de mediana estatura y de complexión normal）で，丸顔で（tener la cara redonda），栗色の髪をしていた．

3）その話の主人公（el/la protagonista）は金髪でそばかすだらけの顔をした（con la cara muy pecosa）少女です．

◆**身体特徴**

tener el pelo castaño［negro, rubio, canoso, liso, rizado, crespo, hirsuto］
（髪が栗色である［黒い，金髪である，白髪である，直毛である，巻き毛である，縮れ毛である，硬い］）
tener entradas（禿げ上がっている，頭髪が後退している）

tener una frente ancha［estrecha］（額が広い［狭い］）
ojos grandes［pequeños, saltones, rasgados, escondidos］
（大きな［小さな，出っ張った，切れ長の，くぼんだ］目）
nariz aguileña［alta, chata, griega］（鷲［高い，低い，鼻筋の通った］鼻）
cara redonda［cuadrada, ovalada］（丸い［四角い，卵形の］顔）
labios gruesos［finos, carnosos］（厚い［薄い，肉づきのいい］唇）

alto（背が高い）
larguirucho（痩せてのっぽの）［軽蔑語］
bajo（背が低い）
enano（ちび）［名詞・口語・軽蔑語］
obeso（肥満の）
gordo（太った）
grueso（太った）
rechoncho（ずんぐりした）［口語］
echar barriga（お腹が出る）
esbelto（すらっとした）
delgado（痩せた）
flaco（痩せた）
enjuto（痩せ細った）
demacrado（痩せ細った）
esquelético（骸骨のように細い）［口語］
quedarse en los huesos（痩せ細ってしまう）
musculoso（筋肉質の）
fofo（肉がぶよぶよした）
atractivo（魅力的な）
guapo（美男）
guapa（美人）
guapetón（美男）
guapetona（美人）
una beldad（美女）［女性名詞］
majo（美しい/感じがいい）
una monada（かわいい）［女性名詞］
feo（醜い）
feúcho, feúco（器量のよくない）［軽蔑語］
desfigurado（形のくずれた）
estar hecho una facha（みっともない）

表現75 ～に両肘をついて［姿勢・動作・しぐさ］

彼女はテーブルに**両肘をついて**新聞を読んでいた.

ヒント ～に両肘をついて con los codos apoyados en ～（←apoyar los codos en ～）

解説

▶「～に両肘をついて」は apoyar los codos en ～（～に両肘をつく）を応用して con los codos apoyados en ～ とします. estar de codos（両肘をついている）という言い方もありますが, 課題文は副詞句で訳します.

▶身体の動き（動作やしぐさ）を示す表現もたくさんあります. 頻度の高いものはしっかり覚えておくと便利です.

解答例

Ella leía el periódico **con los codos apoyados en** la mesa.

練習問題（次頁リスト参照）

1）あくびをするときは口を手でふさぎなさい.

2）女子マラソン（el maratón femenino）で優勝した選手は感動のあまり途切れ途切れの声で（con una voz entrecortada）インタビュー（la entrevista）に応じていた.

3）財務大臣（el ministro de Finanzas）は足を組んで座っていた.

◆身体の動きを示す表現

incorporarse	(上体を起こす)
agacharse	(身をかがめる，上半身を下に曲げる)
agachar la cabeza	(頭を下げる)
inclinar la cabeza	(頭を傾ける)
ponerse de rodillas, arrodillarse	(ひざまづく)
ponerse en cuclillas	(しゃがむ)
acurrucarse	(うずくまる)
ovillarse	(身を丸める)
ponerse en jarras	(両手を腰に当てる)
con las manos en las caderas	(両手を腰に当てて)
andar de puntillas	(つま先で歩く)
ponerse de puntillas	(つま先立ちになる)
revolverse	(もぞもぞ動く；寝返りを打つ)
dar vueltas en la cama	(ベッドで寝返りを打つ)
cabecear	(頭を左右または前後に動かす)
mover la cabeza afirmativamente	(首を縦に振る，うなずく)
mover la cabeza negativamente	(首を横に振る)
hacer aspavientos	(大げさな動作をする)
patalear	(地団太を踏む)
aplaudir	(拍手をする)
dar unas palmadas	(手をたたく)
apoyarse en la pared	(壁に寄りかかる)
ponerse boca arriba	(仰向けになる)
ponerse boca abajo	(うつ伏せになる)
caerse de bruces	(うつむけに倒れる)
desperezarse, estirarse	(伸びをする)
erguirse	(背を真っ直ぐにする，姿勢を正す)
con los brazos cruzados	(腕組みをして)
con las piernas cruzadas	(足を組んで)

torcer el gesto	（顔をしかめる）
bostezar	（あくびをする）
taparse la boca con la mano	（口を手でふさぐ）
entreabrir los ojos	（目を少し開ける）
entornar los ojos	（目をかるく閉じる，目を細める）
guiñar el ojo	（ウインクをする，片目を閉じる）
arquear las cejas, enarcar las cejas	（眉を吊り上げる）
fruncir el ceño, arrugar el ceño, arrugar el entrecejo, arrugar la frente	（眉間にしわを寄せる，眉をひそめる）
fruncir la boca	（口をすぼめる）
pestañear, parpadear	（まばたきをする）
hacer ademán de ＋不定詞句	（～するしぐさをする）

第5章

数量表現

本章では数量を表す表現をどのようにスペイン語に訳すかということを学習します．大きな数字やパーセント，分数や小数の言い方，頻度や比率の表し方などは，日常生活で頻繁に使われます．数量表現を確実な知識として覚えておくことは，スペイン語で文を書く際にはどうしても必要になってきます．

76 表現 76

表現76 出国者数

2003年の**日本人の出国者数**は1,329万人だった.

ヒント 出国者数 el número de salidas de personas al extranjero

解説

▶「出国者数」を「海外へ出国した人数」と考えて直訳すると el número de personas que salieron al extranjero となりますが, 名詞 salida（出国）を使って el número de salidas de personas al extranjero とすると関係節を省略できます.「日本人の出国者数」は personas の代わりに japoneses とするだけです.

▶「～数」は〈el número de ＋複数名詞〉で訳します.

失業者数	el número de desempleados
外国からの入国者数	el número de entradas de personas procedentes del extranjero

解答例

El número de salidas de japoneses al extranjero en 2003 fue de trece millones doscientos noventa mil.

練習問題

1）日本の労働人口はおよそ6,800万人である.

2）麻薬の所持と消費による（por tenencia y consumo de drogas）逮捕者数（el número de detenidos）は2017年に14,019人に達した（alcanzar →p. 156）.

3）2021年の火災の発生件数（el número de incendios declarados）は35,222件で, 前年に比べ531件増加した.

表現77 数億の人々

現在，世界で数億の人々が十分な食料を口にすることができないでいる．

ヒント 数億の人々 cientos de millones de personas 口にすることができない→食べられない no poder comer, no poder ingerir

解説

▶「数十」「数百」「数千」などの数は，decena (10)，ciento/centenar (100)，mil/millar (1.000) などを複数形にして表します．

una decena de libros (10冊位の本)
varias decenas de libros (数十冊の本)
decenas de libros (何十冊という本)

▶「(食料を) 口にすることができない」は comer の他に ingerir を使うこともできます．

解答例

Cientos de millones de personas en el mundo no pueden ingerir en estos momentos suficientes alimentos.

練習問題 (次頁リスト参照)

1) A銀行は数十億円 (miles de millones de yenes) の負債 (deuda) を抱えて倒産した (quebrar).
2) 2004年12月に起きたインドネシアのスマトラ島沖の (en la costa de la isla indonesia de Sumatra) 海底地震 (el maremoto) で20万人以上の人が亡くなった.
3) 数千人の社員が新社屋の落成式 (la ceremonia inaugural) に出席した.

◆不定の数量

数十・何十の

una decena de niños（10人位の子供たち）

（**varias**）**decenas de** metros（数十メートル）

数百・何百の

un centenar de muertos（約100名の死者）

varios cientos/centenares de manifestantes
（数百人のデモ参加者）

cientos de cartas（何百通という手紙）

数千・何千の

un millar de turistas（約1,000人の観光客）

varios miles/millares de estudiantes（数千人の学生）

数万・何万の

decenas de miles de hectáreas（何万ヘクタール）

（**varias**）**decenas de miles de** personas（数万人の人）

数十万・何十万の

（**varios**）**cientos/centenares de** miles de dólares（数十万ドル）

数百万・何百万の

millones de euros（何百万ユーロ）

varios millones de euros（数百万ユーロ）

数千万・何千万の

decenas de millones de telespectadores
（何千万というテレビ視聴者）

数億・何億の

varios cientos de millones de libras esterlinas（数億ポンド）

数十億・何十億の

unos mil millones de personas（約10億人）

miles de millones de yenes（数十億円）

数百億・何百億の

decenas de miles de millones de dólares（数百億ドル）

表現78 貯水率60パーセント

小《お》河内《ごうち》ダムの現在の貯水率は60パーセントで，昨年のこの時期より10ポイント下回っている．

ヒント 小河内ダム el embalse de Ogouchi　昨年のこの時期 el año pasado en estas fechas　～より下回る estar por debajo de ～

解説

▶「貯水率は60パーセントで」の部分は，「貯水率」を名詞句で訳さずに，estar al 60 por ciento de su capacidad とするとうまく訳せます．日本語の名詞句をスペイン語でも名詞句で訳そうとするのではなく，発想を変えてみましょう．

▶「～より 10ポイント下回っている」は10 puntos por debajo de ～ と訳します．反対に「10ポイント上回っている」場合は10 puntos por encima de ～ と言います．

解答例

El embalse de Ogouchi **está** actualmente **al 60%**（sesenta por ciento）**de su capacidad**, diez puntos por debajo del año pasado en estas fechas.

練習問題（次頁リスト参照）

1）中国は世界の総排出量（el total）の約28%の二酸化炭素（el dióxido de carbono）を排出している．

2）4月の失業率（la tasa de desempleo →*p. 124*）は5.5%（→*p. 128*「小数」）と，前月より0.2ポイント（dos décimas）上昇し（subir →*p. 156*），史上最高（→*p. 144, 148*）水準となった．

3）携帯電話の加入者（el abonado al teléfono móvil）が，昨年47%ほど増加した（crecer →*p. 156*）．

◆パーセント

el porcentaje（百分率）

el cuarenta por ciento（40パーセント）

Las mujeres de la UE **ganan un 18% menos** que los hombres en las empresas privadas.
（民間企業で働く欧州連合の女性は男性より**約18%賃金が低い**）

La abstención, que en la primera vuelta fue de más del 28,4%, **se ha quedado** en la segunda ronda **en torno al 20%**.
（第1回目の投票で28.4%を超えた棄権率は，第2回目の投票で**20%前後に留まった**）

Lavar los platos a mano con agua caliente puede **consumir un 40% más de agua** que hacerlo con un lavavajillas.
（お湯で食器を手洗いすると，食洗機で洗う場合より**約40%余計に水を消費する**）

La tasa de autosuficiencia alimentaria de Japón es extremadamente baja; sólo **el 37% de las calorías ingeridas por los japoneses** proviene de productos autóctonos.
（日本の食料自給率は非常に低く，国産品は**日本人が消費するカロリーのわずか37%**にすぎない）

Japón importó el año pasado de Holanda unas diez mil toneladas de carne de cerdo, cifra equivalente **al 1,5% de la cantidad total de carne de cerdo importada**.
（日本はオランダから昨年，**全豚肉輸入の1.5%**にあたる約1万トンの豚肉を輸入した）

El porcentaje de desempleo **llega al 70%** en la población femenina con discapacidad, 17 puntos por encima de los varones discapacitados.
（女性の障害者の失業率は**70%に達し**，男性の障害者より17ポイント上回っている）

La obra de reforma ya **está realizada en el 80%**.
（改装工事はすでに**80%完了している**）

¿Qué porcentaje de pacientes con cáncer puede ser tratado con este tratamiento?
（**何パーセントの癌患者**がこの治療を受けられますか?）

79 表現 79

表現79 投票率 [率・指数]

有権者の政治離れで，日本の総選挙の投票率は近年減少し続けている.

ヒント 有権者の政治離れ el desinterés de los electores por la política
総選挙 las elecciones generales 投票率 el índice de participación

解説

▶「～率」は el índice de ～ か la tasa de ～ と言いますが，どちらを使うかは後続の名詞との相性がありますので，個々に覚えなくてはいけません.「～指数」は índice を使います. たとえば「老年人口指数」は el índice de población senil と訳します.

解答例

Debido al desinterés de los electores por la política, sigue bajando en los últimos años **el índice de participación en las elecciones generales** de Japón.

練習問題（次頁リスト参照）

1）そのテレビドラマ（la telenovela）は視聴率62.9%という驚異的な数字を記録した（registrar）.

2）昨年のこの県の犯罪率は人口10万人あたり（→*p. 133*）1,650.5件だった.

3）老年人口指数は15歳から64歳の（→*p. 176*）生産年齢人口（la población activa）に対する（en relación con ～）65歳以上の人口（→*p. 129*）の比率（la proporción →*p. 154*）をさす.

◆**率・指数**（el índice, la tasa）

就職率	la tasa de empleo
大学進学率	el porcentaje de acceso a la universidad
死亡率	la tasa de mortalidad
死亡事故率	la tasa de accidentes mortales
幼児の死亡率	la tasa de mortalidad infantil
出生率	la tasa de nacimiento
未婚率	el índice de soltería
婚姻率	la tasa de nupcialidad
識字［非識字］率	la tasa de alfabetismo［analfabetismo］
延び［成長・増加］率	la tasa de crecimiento
食料自給率	la tasa de autosuficiencia alimentaria
5年生存率	la tasa de supervivencia a los cinco años
帝王切開率	la tasa［el índice］de cesáreas
投票率	el índice de participación（en las elecciones）
聴取率・視聴率	el índice de audiencia
支持率	el índice de popularidad
失業率	la tasa de desempleo, el índice de desocupación
インフレ率	el índice de inflación
利益率	la tasa de beneficio
老年人口指数	el índice de población senil
（列車の）定時運行率	el índice de puntualidad
不快指数	el índice de malestar
犯罪率	la tasa de criminalidad［delincuencia］, el índice de criminalidad［delincuencia］
犯罪率の高い地区	el barrio con un alto índice de delincuencia

80 表現80

表現80　3分の2の日本人［分数］

内閣府が発表した世論調査によると，3分の2の日本人は自分の生活に満足している．

ヒント 内閣府 la Oficina del Gabinete　世論調査 el sondeo de la opinión pública
3分の2の日本人 dos tercios de los japoneses, dos terceras partes de los japoneses

---

解説

▶「現在の生活」は su vida actual または「現在彼らがしている生活」の意味の la vida que llevan と訳すことができます．

▶「～分の1」という語がスペイン語にはあります（→次頁リスト）．「～分の2」「～分の3」は，「～分の1」にあたる語を複数形にして tres cuartos（4分の3）のように言います．

▶「～の3分の1」は un tercio de ～ と言いますが，una tercera parte de ～ という言い方もあります．同様に「～の3分の2」は dos tercios de ～ か dos terceras partes de ～ と言います．

解答例

Dos tercios de los japoneses están satisfechos con la vida que llevan, según el sondeo de la opinión pública publicado por la Oficina del Gabinete.

練習問題（次頁リスト参照）

1）まだ世界の人口の4分の1が浄水（el agua limpia）を利用できないでいる．

2）当選する（salir elegido）には第1回目の投票で（en la primera ronda）3分の2の得票が必要である．

3）都内の交通渋滞（el atasco de tráfico）がなければ，車の排気ガスの量（la cantidad de gases emitidos por automóviles）は現在より4分の1削減される（reducirse）でしょう．

◆分数 (números fraccionarios [quebrados])

1/2	un medio		
1/3	un tercio	2/3	dos tercios
1/4	un cuarto	3/4	tres cuartos
1/5	un quinto	4/5	cuatro quintos
1/6	un sexto		
1/7	un séptimo		
1/8	un octavo		
1/9	un noveno		

1/10	un décimo		
1/11	un onceavo		
1/12	un doceavo		
1/13	un treceavo		
1/14	un catorceavo	3/14	tres catorceavos
1/15	un quinceavo/un quinzavo	3/15	tres quinceavos
1/16	un dieciseisavo	3/16	tres dieciseisavos
1/17	un diecisieteavo	4/17	cuatro diecisieteavos
1/18	un diecioch(o)avo	3/18	tres dieciochoavos
1/19	un diecinueveavo	3/19	tres diecinueveavos

1/20	un veint(e)avo
1/21	un veintiunavo
1/22	un veintidosavo
1/30	un treintavo
1/32	un treintadosavo

1/50	un cincuentavo
1/90	un noventavo
1/100	un centésimo/una centésima

100分の1秒	una centésima de segundo
100分の3秒	tres centésimas de segundo

1/1.000	un milésimo/una milésima
1/10.000	un diezmilésimo/una diezmilésima
1/1.000.000	un millonésimo/una millonésima

El ser humano invierte **un tercio de su vida** en dormir.
El ser humano dedica **un tercio de su vida** a dormir.
El ser humano pasa **una tercera parte de su vida** durmiendo.
（人間は**人生の3分の1**を眠って過ごす）

Un tercio de mis bienes es este terreno.
（**私の財産の3分の1**はこの土地である）

Heredé **la mitad de la herencia** de mi abuelo.
（私は祖父の**遺産の半分**を相続した）

Seis novenos **es igual a dos tercios**.
（9分の6は**3分の2に等しい**）

Diluir esta solución concentrada **al milésimo** (1:1.000) en agua.
（水でこの濃縮液を**1,000分の1**に薄める）

Dos años son **la cincuentava parte de un siglo**.
（2年は**1世紀の50分の1**である）

表現81　毎月0.2パーセントずつ［小数］

公式の数字によると失業率は毎月0.2パーセントずつ増加している.

ヒント 公式の数字 las cifras oficiales　　失業率 la tasa de desempleo
0.2パーセント cero coma［con］dos por ciento

解説

▶小数点は coma または con を使って読みます．たとえば「0.2」（スペイン語では0,2とカンマで表記します）は cero coma dos, cero con dos と読みます．

▶「0.2パーセントずつ増加している」の「ずつ」の訳し方はいくつか考えられますが，解答例1では velocidad を使って訳してあります．解答例2では cada mes と mensualmente で訳してあります．

解答例

1. Las cifras oficiales muestran que el desempleo aumenta **a una velocidad del 0,2% mensual**.
2. Según las cifras oficiales, la tasa de desempleo aumenta **cada mes［mensualmente］el 0,2%**.

練習問題

1）地球上の平均気温（las temperaturas medias del globo →*p. 147, 150*）は100年間で1.4度から5.8度（entre 1,4 y 5,8 grados centígrados）上昇する（aumentar →*p. 156*）だろう.

2）京都議定書（el Protocolo de Kioto）は先進国（los países desarrollados）に対し2012年までに温室効果ガス（los gases de efecto invernadero）の排出量を1990年比で（con respecto al nivel de 1990 →*p. 156*）5.2% 削減するよう義務づけていた（→*p. 89*）.

3）昨年4–6月期の（en el segundo trimestre →*p. 165*）国内総生産（el PIB）は前期（1–3月期）比で実質（en términos reales）0.5% 増加した.

82 表現 82

表現82　65歳以上の人口［～以上・～以下・～未満］

65歳以上の人口は増えているが，18歳以下の人口は減っている.

ヒント 65歳以上の人口 la población de personas de sesenta y cinco o más años

解説

▶日本語の「2以上」「2以下」は2を含みますが，スペイン語の más de dos, menos de dos は2は含みません．したがってスペイン語の más de dos personas は厳密に言うと「2人以上」ではなく，統計上の数字で「2.1人」などの場合を別にすれば,「3人以上」の意味になります.「2人以上」と言いたい場合は más de una persona でも構わないのですが，はっきりさせたい場合は dos o más personas と言わなければなりません．同様に「10人以下」diez o menos personas と言います．

解答例

Va en aumento **la población de personas de sesenta y cinco o más años**, mientras que disminuye **la de personas de dieciocho o menos años**.

練習問題（次頁リスト参照）

1）昨年1年間に海外で犯罪に巻き込まれた（ser víctima de ～）日本人は8,000人を上回った．

2）65歳以上の人は平均で（por término medio →*p. 147*）月額約6,000円の介護保険料（la prima del seguro público para el cuidado de ancianos dependientes）を払っている．

3）先週行われた地方選挙で有権者（los electores）の40%以上が棄権した．

◆以上・以下・未満

10人以上の人　**diez o más** personas（**注意**：más de diez personas は10を含まないので「11人以上」となる）

10以上の数　número **superior a** diez

10人以下　**diez o menos** personas

10以下の数　número **inferior a** diez

10人未満の人　**menos de** diez personas

18歳未満の人　**los menores de** 18 años

los que tienen **menos de** 18 años

más de 〜（〜を越える，〜以上）/

menos de 〜（〜を下回る，〜未満，〜以下）

Los que tienen menos de［**Los menores de**］**18 años** no pueden ver esta película. （→*p. 176*「年齢の表現」）

（**18歳未満の人**はこの映画を見ることはできません）

superior a 〜（〜を上回る，〜より大きい［数量が］）/

inferior a 〜（〜を下回る，〜より小さい［数量が］）

Nuestra empresa obtuvo **beneficios superiores a los 200 millones de yenes**.

（我が社は**2億円を超える利益**を上げた）

Esta excursión se realizará mientras asista un número de participantes **no inferior a diez**.

（このツアーは参加者が**10名以上の**［**10名を下回らない**］場合に実施します）

Renfe（Red Nacional de Ferrocarriles Españoles）prohíbe fumar en todos los trenes con un recorrido **inferior a cinco horas**.

（スペイン国営鉄道は**走行時間5時間未満**の列車内での喫煙を禁止している）

En Madrid no es obligatorio disponer del sistema automático de extinción de incendios para **rascacielos cuya altura no supere los 100 metros**.

（マドリードでは**100メートル以下の高さの高層ビル**には自動消火装置の設置は義務づけられていない）

por encima de ～（～を上回る）

El barril de crudo cotizó ayer ligeramente **por encima de los 60 dólares**.

（1バレルの原油価格は昨日**60ドルを**わずかに**上回っ**た）

por debajo de ～（～を下回る）

Cerca del 30% de los trabajadores percibe rentas anuales **por debajo de［inferiores a］los tres millones de yenes**.

（労働者の30%近くは**年収が300万円未満**である）

表現83 4の2乗［累乗］

16は**4の2乗**に等しい.

ヒント 4の2乗 cuatro elevado al cuadrado　～に等しい ser equivalente a ～, equivaler a ～

解説

▶スペイン語で「累乗」や「平方根」の言い方を覚えましょう.

3の2乗　3 elevado al cuadrado
3を2乗する　elevar (el) 3 al cuadrado
3の3乗　3 elevado al cubo [al exponente 3]
5を3乗する　elevar (el) 5 al cubo
¿Cuál es el cubo de cinco? (5の3乗はいくつですか？)
125 es el resultado de elevar cinco al cubo [al exponente 3]. (125は5を3乗した結果です)
3の4乗　3 elevado a la potencia 4 [al exponente 4]
3を4乗する　elevar (el) 3 a la potencia 4 [al exponente 4]
平方根　la raíz cuadrada
体重 (kg) を身長 (m) の2乗で割る
dividir el peso en kilogramos por el cuadrado de la altura en metros

解答例

Dieciséis es equivalente a **cuatro elevado al cuadrado**.

練習問題

1) 3を3乗すると，27になります.
2) 25の平方根は5です.
3) 肥満の測定 (medir la obesidad) に使われる体格指数 BMI (el índice de masa corporal [de Quetelet], IMC) は体重 (kg) を身長 (m) の2乗で割って得られる (obtenerse).

表現84　5人に1人の若者［～につき・～あたり］

15歳から18歳までの**5人に1人の若者**が常習的に喫煙をしている.

ヒント　5人に1人の若者　uno de cada cinco jóvenes　　常習的に　habitualmente

解説

▶「2か月に1度」とか「10人に4人」のような表現は cada を使って una vez **cada** dos meses, cuatro de **cada** diez personas と言います.

▶「15歳から18歳までの」は entre quince y dieciocho años と訳します. (→*p. 176*)

▶「週・月・年に～度」は por ～ または al［a la］～ を使って〈数量表現 + por［al, a la］...〉で訳します. 次の例を見てください.

週に2度・回　dos veces **a la semana**［**por semana**］

月に3度・回　tres veces **al mes**［**por mes**］

年に4度・回　cuatro veces **al año**［**por año**］

「週に(～回)」は a la semana (定冠詞が必要) か por semana となります.
「**1日に**7時間眠る」は dormir siete horas **al**［**por**］**día** となるわけです.

解答例

Uno de cada cinco jóvenes entre quince y dieciocho años fuma cigarrillos habitualmente.

練習問題（次頁リスト参照）

1）この駅の列車本数は10分に1本である.

2）昨年の交通事故死亡者100人のうち50人は安全ベルトを着用し（utilizar el cinturón de seguridad）ていなかった.

3）スペインでは一人あたりの紙の年間消費量は約100キロである.（consumir を使って）

◆「～につき」「～あたり」

Gano mil cien yenes **por hora**.
（私は**時給**1,100円稼ぎます）

Ella toca el piano dos horas **al día**［**diarias**］.
（彼女は**毎日**2時間ピアノを弾いています）

Tenemos seis clases de español **a la semana**.
（私たちは**週に**6回スペイン語の授業があります）

Tenemos seis clases **semanales** de español.
（私たちは**週に**6回スペイン語の授業があります）

Voy al cine dos veces **al**［**por**］**mes**.
（私は**月に**2度映画に行きます）

Los Juegos Olímpicos se celebran（**una vez**）**cada cuatro años**.
（オリンピックは**4年に1度**開催される）

Tres de cada diez japoneses están a favor de la reforma estructural.
（**10人中3人の**日本人が構造改革に賛成です）

Dicen que **una de cada cuatro japonesas** mayores de cincuenta años padece osteoporosis.
（50代以上の**日本女性の4人に1人**は骨粗鬆症患者と言われている）

En España hay un automóvil **por cada 1,6 ciudadanos**.
（スペインでは**1.6人に**1台の車がある）

En verano hay aproximadamente **560 vuelos semanales** entre Japón y Estados Unidos.
（日米間では夏期に**週約560便**の旅客機がある）

La pinacoteca admite las visitas al ritmo de **400 personas cada dos horas**.
（その美術館は**2時間に400人**のペースで入場を受け付けている）

Japón tiene una densidad de población de **340 personas por kilómetro cuadrado**.
（日本の人口密度は**1平方キロあたり340人**です）

85 表現85

表現85　心拍数が毎分33回 [回数]

このマラソン選手は，安静時の**心拍数が毎分33回**で，運動時には180回まで達する．

ヒント マラソン選手 el corredor [la corredora] de maratón　安静時の心拍数 el número de pulsaciones en reposo　運動時に en esfuerzo máximo

---

解説

▶回数は名詞 vez を使って una vez（1回・1度）, dos veces（2回・2度）と言いますが，ocasión を使うこともできます．この場合は前置詞 en が必要です．次の例を見てください．

El equipo ganó la liga **en tres ocasiones** [**tres veces**].
（そのチームは**3度**リーグ優勝をした）

▶「心拍数」は el número de pulsaciones ですが，el número にこだわらずに，動詞 latir を使って el corazón late a 33 pulsaciones por minuto en reposo とすると「安静時の心拍数が毎分33回」を訳すことができます．

解答例

Este corredor de maratón tiene un corazón que late **a 33 pulsaciones por minuto** en reposo y llega hasta 180 en esfuerzo máximo.

練習問題

1）米国の緊急利下げ（la rebaja de los tipos de interés）は今年に入って（en lo que va de año）4回目である．

2）日銀は今月2度公定歩合（el tipo oficial de descuento）を下げた．

3）我がチームは昨年12年ぶり（por primera vez en los últimos 12 años →*p. 168*）の，通算4度目（por cuarta vez en su historia）のリーグ優勝をかざった．

86 表現86

表現86 21年連続で［連続］

4月1日現在の15歳未満の子供の数は，21年連続で減少した．

ヒント 4月1日現在 el 1 de abril pasado（→*p. 172*）　15歳未満 →*p. 176*
21年連続で por vigésimo primer año consecutivo

解説

▶「21年連続で」は序数（→*p. 141*）を使って por vigésimo primer año consecutivo と訳します．

▶「～連続で」は数詞と consecutivo を使って訳します．「5年連続で」は por quinto año consecutivo,「3回連続で試合に負ける」は perder el partido por tres veces consecutivas となるわけです．

解答例

El número de niños menores de quince años el 1 de abril pasado ha bajado **por vigésimo primer año consecutivo**.

練習問題

1）2年連続で交通事故による死者の数が減少した．

2）日本人の自殺件数（el número de suicidios）は3年連続で3万人を超えた．

3）原油価格（el precio del crudo）は今日10日連続で最高値（la cotización más alta →*p. 148*）を更新した．

表現 87　4倍［倍数］

毎年世界では，エイズによる死者の4倍にあたる200万人の子供がただの下痢で死亡している．

ヒント エイズ el SIDA（síndrome de inmunodeficiencia adquirida の略）
　～より4倍多く cuatro veces más que ～　　下痢 la diarrea

解説

▶「下痢で200万人の子供が毎年世界で死亡している」と訳して，同格句で「エイズによる死者の4倍である」をつけ加えます．

▶倍数は doble, triple などの倍数と，dos veces, tres veces のように〈数字＋veces〉で訳します．たとえば「彼は僕の2倍酒を飲む」は，el doble か dos veces を使います．

　Él bebe **el doble** que yo.
　Él bebe **dos veces** más que yo.

解答例

Por una simple diarrea mueren cada año en el mundo dos millones de niños, **cuatro veces** más que de SIDA.

練習問題（次頁リスト参照）

1）東京の地価（el precio del terreno）は3年足らずの間に2倍になった．
2）彼女は購入したときの3倍の値段でその土地（el terreno）を売却した．
3）大型トラック（el camión）の死亡事故率（la tasa de accidentes mortales →*p. 124*）は10万台あたり（→*p. 133*）7人をわずかに超え，乗用車（el turismo）の約23倍となっている．

◆倍数（multiplicativos）の表現

	名詞	形容詞	動詞
	〜倍	〜倍の	〜倍にする（なる）
2倍	el doble	doble/duplo	doblar(se)/duplicar(se)
3倍	el triple	triple/triplo	triplicar(se)
4倍	el cuádruple	cuádruple/cuádruplo	cuadruplicar(se)
5倍	el quíntuple	quíntuple/quítuplo	quintuplicar(se)
10倍	el décuplo	décuplo	decuplicar(se)
100倍	el céntuplo	céntuplo	centuplicar(se)
n 倍			multiplicar(se) por *n*

Mi madre tiene **dos veces** más años que yo./Mi madre me **dobla**［**duplica**］la edad.（私の母は私の**倍の**年齢です）

El impuesto sobre el consumo **se duplicará** en cinco años.（消費税は5年で**倍増するだろう**）

El nuevo estadio de béisbol tiene una capacidad de espectadores **doble** que el actual.（新しい球場は現在の**倍の**観客を収容できる）

Este año **se ha triplicado**［**se ha multiplicado por tres**］el número de turistas que visitaron esta isla.（この島への観光客の数は今年**3倍に増えた**）

Más o menos **se han triplicado** las ventas de cajas fuertes refractarias al fuego en los grandes almacenes de la ciudad.（市内の百貨店では，耐火金庫の売上げが約**3倍になった**）

Tendría que ganar **el triple del sueldo** que gano para poder comprarme esta casa.（この家を購入するには私は今の**3倍の給料**を稼がなければならないだろう）

Los japoneses beben en verano **cuatro veces** más cerveza que en invierno.（日本人は夏に冬の**4倍**のビールを飲む）

Esta empresa **multiplicó por cinco** las ventas del año pasado.（この会社は売り上げを，昨年の**5倍に伸ばした**）

Argentina es aproximadamente **siete veces más grande** que Japón.（アルゼンチンは日本の約**7倍の広さ**です）

88 表現 88

表現88 賛成票84で採択する

国連総会では2005年にクローン技術の人間への応用を禁じる宣言が賛成票84，反対票34，棄権票37で採択された．

ヒント 国連総会 la Asamblea General de la ONU　クローン技術 las técnicas de clonación　賛成票84，反対票34，棄権票37で por 84 votos a favor, 34 en contra y 37 abstenciones

---

解説

▶〈~ votos a favor〉と〈~ votos en contra〉は法案の採決などでよく使われる言い回しです．例を挙げておきます．

aprobar la ley de reforma educativa **por 120 votos a favor y 30 en contra**（**賛成票**120，**反対票**30で教育改革法を承認する）

rechazar la moción de censura **por 250 votos en contra**
（**反対票**250で不信任案を却下する）

▶球技などの得点も前置詞 por を使います．

ganar el partido **por tres a cero**　（3対0で試合に勝つ）

perder el partido **por uno a tres**　（1対3で試合に負ける）

解答例

La Asamblea General de la ONU aprobó en 2005, **por 84 votos a favor, 34 en contra y 37 abstenciones**, la declaración de prohibir la aplicación de técnicas de clonación al ser humano.

練習問題

1）日本とクロアチア（Croacia）のサッカーの試合は0対0の引き分けに終わった（terminar con empate）．

2）女子ダブルスの決勝（la final de dobles femeninos）で日本のペアが6-7，6-2，9-7で米国のペアを下した．

3）東京は国際オリンピック委員会（el COI）総会の最終投票で60票を獲得してイスタンブール（Estambul）を破り，2020年の五輪の開催地（la sede）に指名された．

89 表現 89

表現 89 世界第2位である［序数1］

スペインの魚の消費は1人あたり年40キロで，世界で第2位である．

ヒント 世界で2番目の魚の消費国 el segundo país del mundo que más pescado consume　1人あたり年40キロ cuarenta kilos por habitante y año（→*p. 133*）

解説

▶「スペインは世界で2番目の魚の消費国である」と訳して，それから「一人あたり年40キロ」と，具体的な数字を後にすると，訳しやすくなります．

▶順序や順位は序数を使って訳します．世界第2位（の国）は el segundo país del mundo とします．課題文の「魚の消費 」は「最も魚を消費する世界で2番目の国」と考えて，関係節を使います．

解答例

España es **el segundo país del mundo** que más pescado consume: cuarenta kilos por habitante y año.

練習問題（次頁リスト参照）

1）この国の人口密度（la densidad de población →*p. 189*）は世界8位である．

2）子供の事故死率（la tasa de mortalidad infantil por accidentes）が最も低い（→*p. 148*）のはスウェーデンで，日本は12番目となっている．

3）レアルマドリード（el Real Madrid）はスペインのサッカーの一部リーグ（la primera división）の首位に立っている（encabezar la clasificación）．

◆序数（números ordinales）

1.°	primero		
2.°	segundo		
3.°	tercero	30.°	trigésimo
4.°	cuarto	40.°	cuadragésimo
5.°	quinto	50.°	quincuagésimo
6.°	sexto	60.°	sexagésimo
7.°	séptimo	70.°	septuagésimo
8.°	octavo	80.°	octogésimo
9.°	noveno	90.°	nonagésimo
10.°	décimo	100.°	centésimo
11.°	undécimo	200.°	ducentésimo
12.°	duodécimo	300.°	tricentésimo
13.°	decimotercero	400.°	cuadringentésimo
14.°	decimocuarto	500.°	quingentésimo
15.°	decimoquinto	600.°	sexcentésimo
16.°	decimosexto	700.°	septingentésimo
17.°	decimoséptimo	800.°	octingentésimo
18.°	decimoctavo	900.°	noningentésimo
19.°	decimonoveno	1.000.°	milésimo
20.°	vigésimo		
21.°	vigésimo primero		

◆序数を使った表現（順序・順位）

China ha llegado a ser（se ha convertido）en **la segunda potencia económica del mundo.**

（中国は**世界第2の経済大国**になった）

Mi nombre **ocupa el vigésimo segundo lugar** de la lista.

（私の名前は名簿の**22番目にある**）

El grupo de bomberos **fue el primero en llegar** al lugar del incendio.

（消防士のグループが火災現場に**最初に到着した**）

表現90 60回目の原爆記念日 [序数2]

2005年広島と長崎は60回目の原爆記念日を迎えた.

ヒント 60回目の原爆記念日 el 60（sesenta/sexagésimo）aniversario del día de la bomba atómica　（原爆）記念日を迎える←（原爆）記念日をしのぶ recordar［conmemorar, rememorar］el aniversario de ～

解説

▶「～周年・回（記念）」は centenario（100周年）のように該当する語がある場合もありますが，それ以外は序数と aniversario で表します．数が多い場合は基数を使うこともできます．

10周年	el décimo aniversario
20周年	el vigésimo aniversario
50周年	el cincuentenario, el cincuenta aniversario
100周年	el centenario

▶「200周年」などは序数と centenario を組み合わせて訳します．

200周年	el segundo centenario
500周年	el quinto centenario

解答例

En 2005 Hiroshima y Nagasaki recordaron［conmemoraron, rememoraron］**el sesenta aniversario del día de la bomba atómica.**

練習問題

1）今日は私の両親の40回目の結婚（la boda）記念日です．

2）2003年に小津安二郎監督（el director de cine）の生誕100年の記念映画祭（el ciclo de cine para conmemorar ～）が行われた（celebrarse）．

3）バルセロナ五輪はコロンブスの新大陸（el Nuevo Continente）到着500周年にあたる1992年に開催された（celebrarse）．

表現91 アルファベット順に

コンクールの参加者名簿をアルファベット順に作成する必要がある.

ヒント アルファベット順に por orden alfabético　名簿を作成する confeccionar la lista

---

解説

▶「〜順に」「〜の順番に」は〈por orden ＋形容詞〉または〈por orden de＋無冠詞名詞〉で訳すことができます.

年代［時系列］順に	por orden cronológico
番号順に	por orden numérico
役職順に	por orden de rango
重要度順に	por orden de importancia
頻度順に	por orden de frecuencia
古い順に	por orden de antigüedad
大から小の順に	por orden de mayor a menor

解答例

Es necesario confeccionar **por orden alfabético** la lista de participantes en el concurso.

練習問題

1）私は課長（el jefe de sección）に参加者の名前をアイウエオ順に（por el orden del abecedario japonés）するよう頼まれた.

2）書類（el documento）は時系列順（el orden cronológico）に整理されていて，最新のものが一番上にある.

3）子供たちは好きな順に（por orden de preferencia）家で飼って（tener en casa）みたい動物を三つ挙げた.

92 表現92

表現92 世界で初めて［初めて・最初の］

オランダでは世界で初めて積極的安楽死を合法化する法律が2001年に可決された.

ヒント 安楽死を合法化する legalizar la eutanasia activa
法律を可決する aprobar la ley

解説

▶「世界で初めて」は「世界で初めての国」と考えて el primer país del mundo と訳すことができます．ニュアンスは変わりますが「史上初」の意味の por primera vez en la historia を使うこともできます（解答例2）．

解答例

1. Holanda se convirtió en 2001 en **el primer país del mundo** que aprueba una ley que legaliza la eutanasia activa.
2. **Por primera vez en la historia**, Holanda aprobó en 2001 una ley que legaliza la eutanasia activa.

練習問題（次頁リスト参照）

1）政府が食料自給率（→*p. 124*）目標を決める（fijar el objetivo）のは初めてのことです．

2）日本の高橋尚子選手は女子マラソンで初めて2時間20分の「壁」を破った（romper la barrera de las 2 horas y 20 minutos）．

3）20日の火曜日に（→*p. 172*）観測（la observación meteorológica）史上初めて東京で気温39.5度（→*p. 150*）を記録した（registrarse）．

◆「初めて」「最初の」

Es la primera vez que voy a México.
(私がメキシコに行く**のは初めてです**)

Es la segunda vez que voy a España.
(スペインに行く**のは2度目です**)

El doctor Christian Barnard fue **el primer cirujano que realizó con éxito un trasplante de corazón en el mundo**.
(**世界で初めて心臓移植に成功した外科医**はクリスチャン・バーナード博士です)

La primera bomba atómica en la historia de la humanidad fue lanzada sobre la ciudad de Hiroshima el 6 de agosto de 1945 a las ocho y quince de la mañana.
(1945年8月6日午前8時15分，**人類史上最初の原子爆弾**が広島市に投下された)

Por primera vez en la historia de los campeonatos del mundo, el atleta japonés Shingo Suetsugu consiguió una medalla de bronce en la prueba de velocidad.
Singo Suetsugu se convirtió en **el primer velocista** japonés que obtuvo una medalla de bronce **en la historia** de los campeonatos del mundo.
(日本の末続慎吾選手が，世界選手権の短距離種目で日本人選手として**史上初めて**銅メダルを獲得した)

表現93 平均1.34人［平均］

日本人の女性が生涯に産む子供の数（合計特殊出生率）は平均1.34人で，人口を維持するのに必要といわれる2.08人を大きく下回っている．

ヒント 生涯で a lo largo de su vida　合計特殊出生率 la tasa media de fecundidad
平均1.34人（の子供）を産む tener un promedio de 1,34 hijos

解説

▶「日本人の女性が生涯で平均1.34人の子供を産む」と考えて，cada japonesa tiene un promedio de 1,34 hijos と訳すことができます．また「合計特殊出生率」を主語にして，la tasa media de fecundidad japonesa es de 1,34 hijos とすることもできます．

▶「平均」を意味する名詞には media と promedio が，「平均の」を意味する形容詞には medio があります．様々な文脈で用いられる日本語の「平均」はいろいろな訳し方がありますので次頁リストで確認してください．

解答例

1. **La tasa media** de fecundidad japonesa es **de 1,34** (uno con treinta y cuatro) **hijos**, cifra muy inferior a 2,08 (dos con cero ocho) que, según dicen, permite mantener la población actual.
2. Cada japonesa tiene **un promedio de 1,34 hijos** a lo largo de su vida, cifra muy inferior a [...].

練習問題（次頁リスト参照）

1）日本人の女性の平均身長は160センチである．

2）女性は平均すると（por término medio）男性より賃金が約20%少ない．

3）大きな駅の売店（el quiosco）には平均3秒に一人の客がある．

◆**平均を示す表現**

la velocidad **media** （平均速度）

la estatura **media**, la **media** de estatura （平均身長）

el **promedio** anual de la tasa de inflación （年間の平均インフレ率）

calcular/sacar el promedio de, promediar （平均を出す）

Teresa tiene una estatura inferior a **la media normal**.
（テレサは**平均**より背が低い）

Las películas que se dan en esta sala de cine tienen **una duración media de dos horas**.（この劇場で上映する映画の長さは**平均2時間**である）

Las reuniones mensuales tienen una duración de **dos horas como promedio**.（月例会は**平均2時間**かかる）

Los países industrializados dedican **por término medio** algo más del 2% del Producto Nacional Bruto a investigación.
（工業国は**平均すると**国民総生産の2%余りを研究に計上している）

Japón importa **como promedio anual** cinco millones de toneladas de soja.（日本は**年平均**500万トンの大豆を輸入している）

Nuestra empresa pierde **como promedio** unos diez millones de yenes **anuales**.（我が社は**年平均**およそ1,000万円の損失を出している）

Durante tres años desde 1996 desaparecieron de nuestro país **un promedio anual de unos veinte mil teléfonos públicos**, es decir, **un promedio diario** de cincuenta y tres teléfonos.
（1996年以降の3年間で，我が国の公衆電話が**年平均2万台前後**，つまり**平均して1日に**53台ずつ消えた）

Nosotros bebemos **una media de dos litros** de agua al día.
（私たちは1日**平均2リットル**の水分をとる）

La edad media de los empleados de nuestra empresa **ronda los 40 años**.（我が社の社員の**平均年齢は40歳前後**です）

表現94 最大の輸出国［最大・最小・最高・最低・最悪］

米国とドイツは**世界最大のタバコの輸出国**である.

ヒント 世界最大の輸出国 → 世界で一番の輸出国 el primer（país）exportador del mundo　タバコ el tabaco,（紙巻きの）el cigarrillo

---

解説

▶「最大」「最小」「最高」「最低」「最悪」は文脈によって訳し方が異なりますが，原則としては序数の primero や mayor, menor, máximo, mínimo などの形容詞の不規則な比較級を使って訳すことができます.

▶「世界最大のタバコの輸出国」は序数を使って el primer exportador de cigarrillos del mundo と訳しますが，課題文では「米国とドイツ」となっていますので，これを複数形にします.「輸出国」の「国」は，los primeros países exportadores と訳すことはできますが，país をあえて明示しなくてもかまいません.

解答例

Estados Unidos y Alemania son **los primeros exportadores de cigarrillos del mundo**.

練習問題（次頁リスト参照）

1）国内史上（→*p. 144*）最大で最悪の原子力事故（el mayor y peor desastre nuclear）が2011年に福島で起きた.

2）青森沖で（en la costa de Aomori）とれたマグロ（el atún）に，初競り（la primera subasta de pescado del año）で3億3,360万円という史上最高値がついた.（adjudicar を使って）

3）2022年に高齢者人口（la población senil）は，その数および総人口に占める割合（la proporción que ocupa ～）ともに過去最高に達した.

◆最大・最小・最高・最低・最悪

Tokio es **la ciudad más grande de Japón** con catorce millones de habitantes.
（東京は人口1,400万を抱える**日本最大の都市**である）

Este contrato puede prorrogarse **hasta un máximo de cinco años**.
（この契約は**最高5年まで**延長できる）

Todos los vuelos tienen un retraso de **dos horas como mínimo**.
（すべての便が**最低2時間**遅れている）

Ese accidente nuclear se considera **el peor desastre nuclear de Japón** y el segundo en el mundo después del desastre de Chernóbil.
（その原発事故は**日本では最悪の事故**，世界ではチェルノブイリ事故に次いで2番目の事故と考えられる）

Esa ciudad tiene casi 700.000 habitantes, con **el mayor índice de pobreza** del país.
（その町は人口70万ほどで，**貧困率は**国内で**最も高い**）

Mónaco tiene una densidad de población de 19,000 personas por kilómetro cuadrado, **la cifra más alta** del mundo.
（モナコの人口密度は1平方キロあたり1万9千人で世界**最高**［**の数**］です）

表現95 最低気温は～だった［気温］

昨日の東京の最低気温は28.7度で，7月の朝の気温としては観測史上最高だった．

ヒント 最低気温 la temperatura mínima　観測史上→観測を開始して以来 desde que empezaron a hacer las observaciones meteorológicas

---

解説

▶気温を示す場合はどの語句を主語にするかという問題があります．たとえば「気温は25度です」は次のように言うことができます．

La temperatura es de 25 grados.

Tenemos 25 grados de temperatura.

Estamos a 25 grados de temperatura.

Hay 25 grados de temperatura.

▶「**室温は**25度です」は次のように訳せます．

La habitación está a 25 grados **de temperatura**.

La temperatura de la habitación es de 25 grados.

▶解答例では場所を主語にして，動詞 registrar を使って訳してあります．

▶気温も体温もスペイン語では temperatura ですので注意してください．

解答例

Ayer Tokio **registró la temperatura mínima de 28,7 grados**, la cifra más alta de la mañana del mes de julio desde que empezaron a hacer las observaciones meteorológicas.

練習問題（次頁リスト参照）

1）昨日の金沢の最高気温は15度で，最低気温は2度だった．

2）サラマンカでは夏に気温が40度に達する．

3）現在の気温は10度で，湿度（la humedad）20%，風速は秒速2メートル（→*p. 152*）です．

◆気温の表現

気温の上昇　el aumento [incremento] de temperatura
気温の下降　el descenso de temperatura
気温の変化　los cambios de temperatura
気温の変動　las variaciones de temperatura

Ayer **se alcanzaron 40,7 grados** en Kofu.
Ayer la temperatura **llegó a 40,7 grados** en Kofu.
Ayer Kofu **alcanzó 40,7 grados** de temperatura.
(昨日，甲府で気温が**40.7度に達した**)

En la calle la temperatura era **inferior a los 17 grados bajo cero**.
(屋外は**氷点下17度以下**だった)

El termómetro marca **10 grados** de temperatura.
(温度計は**10度**を示している)

La temperatura de la habitación debe estar **en torno a los 24 grados**, independientemente de la estación del año.
(室温は季節に関係なく**24度前後**が望ましい)

Las aguas del océano subieron dos grados en julio y hasta tres en agosto **por encima de la temperatura normal**.
(海水の温度は7月には**通常より**2度，8月には3度も上昇した)

◆気象の表現

tiempo inestable　(不安定な天気)
tiempo desigual　(変わりやすい天気)

En el verano de 2004 se registraron **grandes lluvias sin precedentes** en varias regiones de Japón.
(2004年の夏には日本各地で**記録的な大雨**が降った)

表現96 時速18キロ［速度］

都内を走る自動車の平均速度は時速 18キロにすぎない.

ヒント 平均速度 la velocidad media（→*p. 147*） 時速18キロ（の速度）（la velocidad de）18 kilómetros por hora

解説

▶「時速60キロで走る」は correr a 60 kilómetros por hora と言いますが，課題文は「平均速度は時速18キロ」となっていますので la velocidad media を主語にして，〈La velocidad media（...）es de 18 kilómetros por hora.〉とします.

▶速度に関する表現をいくつか挙げておきます.

速度を上げる	aumentar la velocidad
速度を落とす	reducir［disminuir］la velocidad
毎分5メートルの速度で	a una velocidad de cinco metros por minuto
速度計	el velocímetro

解答例

La velocidad media de los automóviles que circulan por la ciudad de Tokio solo es de **dieciocho kilómetros por hora**.

練習問題

1）のぞみ700は時速285キロで走行可能で，東京—博多間の1,176キロを約 5時間で結ぶ.（realizar el trayecto を使って）

2）大部分の自動車は100キロで走ると，80キロで走るよりも約18%余計にガソリンを消費する（consumir gasolina）.

3）高速道路（la autopista）の最高制限速度（la velocidad máxima permitida［autorizada］）は時速100キロです.

表現97 8対1の比率で［比例・比率・割合］

8対1の比率で美容学校は理容学校より生徒の数が多い.

ヒント 8対1の比率で en una proporción de ocho a uno　美容学校 la academia de estética　理容学校 la academia de peluquería

解説

▶比例関係, 比率および割合は proporción とその派生語 proporcionalidad, proporcionado, proporcional, proporcionalmente を使って訳すことができます. 課題文の「8対1の割合で」は en una proporción de ocho a uno と言いますが,「女性1人に対して男性2人の割合で」はこれを応用して en una proporción de una mujer（frente）a dos hombres と訳します.

解答例

Las academias de estética tienen más alumnos que las de peluquería **en una proporción de ocho a uno**.

練習問題（次頁リスト参照）

1）日本の企業では賃金は年齢に比例して上昇する（subir →*p. 156*）.

2）総人口に占める高齢者の割合（la proporción de población anciana）が3分の1（→*p. 125*）に近づいている（aproximarse）.

3）小麦粉1キロにつき（por cada kilo de harina →*p. 133*）50グラムの割合でバター（la mantequilla）を加える.

◆比例・比率・割合を示す表現

AはBに比例する	A está en proporción directa con B. A es（directamente）proporcional a B. A guarda proporcionalidad con B.
AはBに反比例する	A es inversamente proporcional a B.
～に比例して減少する	disminuir proporcionalmente a ～
～に比例して増加する	crecer proporcionalmente a ～
～に応じた	名詞＋ proporcionado a ～
男女の割合・比率	la proporción de hombres y mujeres

La tasa de desempleo **es directamente proporcional al** número de despidos.（失業率は解雇数に**比例する**）

Las ventas **crecen proporcionalmente a**l aumento de los gastos de publicidad.（販売高は広告費**に応**じて増える）

Los pacientes de esta enfermedad mueren **en una proporción de uno cada cinco**.（この病気の患者は**5人に1人の割合**で死亡する）

En las elecciones **la proporción de hombres y mujeres** que acudieron a las urnas fue similar.（選挙で投票した**男女の比率**は同じだった）

Durante el período de crecimiento el peso **lleva un desarrollo proporcional a**l de la estatura.（成長期には体重は身長に**比例して増える**）

El índice de población senil es **la proporción de ancianos mayores de 65 años en relación con la población activa** que comprende las edades entre los 15 y los 64.
（老年人口指数は15歳から64歳の**生産年齢人口に対する65歳以上の人口の比率**をさす）

表現 98 半減する［増減］

厚生労働省の推計では，日本の人口は2007年に減り始め，100年後には半減して6,700万人になるとみられている．

ヒント 厚生労働省 el Ministerio de Sanidad, Trabajo y Bienestar
半減する reducirse a la mitad

解説

▶解答例1は「厚生労働省は～と推測している」と考えて動詞 prever を使って訳してあります．解答例2は「厚生労働省の推計では～とみられている」の部分を主語にして（las previsiones del Ministerio de Sanidad…）訳してあります．

解答例

1. El Ministerio de Sanidad, Trabajo y Bienestar prevé que la población japonesa empiece [empezará] a descender en el año 2007 para **reducirse** en cien años **a la mitad** de la población actual con 67 millones de habitantes.
2. Las previsiones del Ministerio de Sanidad, Trabajo y Bienestar señalan que la población japonesa empezará a descender en el año 2007 [...].

練習問題（次頁リスト参照）

1）1年間でインターネットで届くジャンクメール（el correo basura, el correo comercial no deseado）の量はメール全体の8%から40%まで増加（→ *p.156*）した．

2）ピーク時に（en el período de mayor auge）は市内で年間8千戸建設されていた新築マンションが，昨年は5千戸を切った．

3）今年の日本における賃金の増加はインフレ率（la tasa de inflación）を下回った（→ *p.130, 156*）．

◆増減の表現

増加	el crecimiento, el incremento, el aumento, la subida, el alza（女性名詞）
増える	aumentar, incrementarse, subir, crecer, dar/experimentar/sufrir un crecimiento
増えている	ir en aumento
...から〜に増える	subir de...a 〜
〜に達する	alcanzar
超える	rebasar, traspasar
上回る	superar
減少	la reducción, la disminución, el descenso
減る	bajar, descender, disminuir, decrecer, menguar, registrarse un descenso
減らす	bajar, reducir
下回る	quedar por debajo de
〜と比べて	con respecto a 〜（主に「増減」の表現で）

Este invierno el número de pacientes externos **se ha incrementado en un 40%** debido a la gripe.
（今年の冬はインフルエンザの影響で外来患者数が**40%ほど増加した**）

Gracias al caluroso verano, las ventas de aparatos de aire acondicionado **han experimentado** este verano un **notable aumento / incremento / crecimiento con respecto a** las correspondientes al verano del año pasado.
（猛暑のおかげで，この夏はエアコンの売り上げが昨年の**夏と比べて大きく伸びた**）

El precio de la carne bovina **sufrió un aumento del 30%** [**subió el 30%**].
（牛肉の価格が**30%上昇した**）

La carne bovina **se ha encarecido de 800 a 1.200 yenes el kilo**.
（牛肉の価格が**1キロ800円から1,200円に値上がりした**）

El número de aterrizajes que hicieron durante el año pasado los aviones militares estadounidenses en los aeropuertos civiles de Japón ascendió a 832, cifra que supone un **incremento de 31 con respecto al año anterior**.
（米軍機が昨年日本の民間空港に着陸した回数が，832回にのぼり，**前年に比べて31回増えた**）

En el primer semestre del año **se registró un crecimiento del PNB** en términos reales de un 1%.
（上半期に**国民総生産は**実質約1%**成長した**）

El último índice de inflación correspondiente al mes de marzo **dio un crecimiento negativo del 0,3%**.
（3月の最終インフレ率は**0.3%のマイナス成長**だった）

En un 10% pueden **incrementarse** las tarifas telefónicas en los próximos meses.
（電話料金がこれから数か月間で約10%**増加する**可能性がある）

El índice de desocupación **ha rebasado** ［**ha alcanzado**］ **el 10%**.
（失業率は**10%を越えた**［**に達した**］）

El costo de vida **ha bajado** desde abril del año pasado a marzo de este año **en un 2%**.
（昨年4月から今年3月までに生活費は**約2%減少した**）

表現99 ～する消費者も少なくない

調理には浄水器を通した水を，飲み水にはミネラルウオーターをとする消費者も少なくない．

ヒント 浄水器を通した水 agua purificada　　ミネラルウォーター el agua mineral
消費者 el consumidor, la consumidora

解説

▶「～する消費者も少なくない」は poco を使って，no son pocos los consumidores que ～ と訳します．

▶「浄水器」は el purificador de agua ですが「浄水器を通した水」は agua purificada とします．

▶「多い・少ない」は mucho や poco で訳すことができますが，rico や pobre を使える場合もあります．

　un alimento **muy rico en** vitaminas　（ビタミンの**とても豊富な**食物）
　una dieta **pobre en** grasas animales　（動物性脂肪**の少ない**食事）

解答例

No son pocos los consumidores que usan agua purificada para cocinar y beben agua mineral.

練習問題

1）日本では8月のお盆の時期に（en la época del *Obon*）ふるさとへ帰る（volver a su pueblo natal）人がたくさんいます．

2）20年前と比べると今は夜行列車に乗る（viajar en trenes nocturnos）機会が少なくなった．

3）国産小麦は弾力性（la elasticidad）や粘り（la viscosidad）を生み出すグルテン（el gluten）の含有量が少ない（pobre en ～）ためパンには向かない．

第6章

時間・日付の表現

基本的な時間・日付の言い方は初級文法で学習します．しかし時間に関する表現は他にもたくさんあります．たとえば，日本語で期間を示す場合も「午後5時から午後9時の間」「4時間近くにわたって」「これから5年間」「今から9月まで」「上半期」などたくさんの言い方があります．本章では頻度の高いパターン化した表現を学習します．是非，時間の表現に習熟してください．

表現100 午後5時から9時の間に［時間帯・一定の期間］

伊香保《いかほ》町では昨日の**午後5時から9時の間に**162ミリの雨が降った．

ヒント 午後5時から午後9時の間に entre las cinco y las nueve de la tarde
162ミリの雨 una precipitación de 162 milímetros

解説

▶時間帯を示す言い方もいくつかパターンがあります．次頁に例を挙げておきますので，それを覚えて応用しましょう．

▶「162ミリの雨が降った」となっていて，降雨量が特定されていますので，precipitación を使って una precipitación de 162 milímetros とします．

解答例

Hubo una precipitación de 162 (ciento sesenta y dos) milímetros en Ikaho **entre las cinco y las nueve de la tarde** de ayer.

練習問題（次頁リスト参照）

1）その殺人事件（el asesinato）は日曜から月曜にかけての夜に（en la noche del domingo al lunes）起きた．

2）長野市の中心部全域では昨日の午後，5時間近くにわたって停電になった（quedar sin luz）．

3）そのお寺（el templo）は休日を除く（excepto los días festivos）月曜日から金曜日まで，午前10時から午後3時まで一般公開されている（estar abierto al público）．

◆時間帯や一定の期間を示す表現

entre ～ y ～（～から～の間に）

entre los días 10 **y** 12 de marzo

（3月10日**から**12日**の間に**）

entre la tarde del martes 28 **y** la mañana del miércoles 29

（28日火曜の午後**から**29日水曜の午前中**の間に**）

de ～ a ～, desde ～ hasta ～（～から～まで）

de aquí［ahora］**a** agosto

（これ**から**［今から］8月**まで**）

en la noche **de**l 2 **a**l 3 de octubre

（10月2日**から**3日**にかけての**夜に）

todos los domingos **de** 10 **a** 14 horas

（毎週日曜日10時**から**14時**まで**）

El museo está［permanece］abierto al público **desde** las 11 de la mañana **hasta** las 15 horas.

（博物館は11時**から**15時**まで**一般公開されている）

desde la salida **a** la puesta del sol（日の出**から**日没**まで**）

por espacio de ～（～にわたって）

La reunión se prolongó **por espacio de cinco horas**.

（会議は**5時間**に及んだ）

durante ～（～の間）**, a lo largo de ～**（～にわたって）

Una tromba de agua cayó en Tokio ayer **durante**［**a lo largo de**］**toda la tarde**.

（昨日の**午後ずっと**東京では土砂降りだった）

Pasé **una semana entera** en la montaña.

（私は**丸1週間**を山で過ごした）

◆一日の時間

al amanecer	（夜明けに）
al despuntar el día	（日が上る頃に）
a la salida del sol	（日の出に）
a primeras horas de la mañana	（明け方に）
a media mañana	（午前10時頃に，日が高くなり始める頃に）
al mediodía	（真昼に，正午に）
a media tarde	（午後も進んだ頃に）
a primeras horas de la tarde	（午後の早い時間に）
al caer la tarde	（日が暮れる頃に）
a la puesta del sol	（日没時に）
a altas horas de la noche	（夜更けに）

Los excursionistas salieron del refugio **a primeras horas de la mañana**.
（ハイカーたちは**明け方に**山小屋を出発した）

por la mañana	（午前中に）
por la tarde	（午後に）
por la noche	（夜に）

101 表現101

表現101 これから20年間に

これから20年間に世界的な規模で，人口の高齢化が進むであろう．

ヒント これから20年間に durante los próximos veinte años　世界的な規模で a escala mundial　人口の高齢化 el envejecimiento de la población

解説

▶前置詞 durante は一定の期間を表す場合によく使われます．時を示す語に próximo をつけることによって「これから～の期間に」と未来に言及できます．過去の期間を表すには pasado か último をつけて，durante la **pasada** ［**última**］ **década**（**過去**［**最近**］10年間に）のように言います．

解答例

Durante los próximos veinte años se producirá un envejecimiento de la población a escala mundial.

練習問題

1）世界の人口はこれから10年間で約10億人（→*p. 120*）増加する（→*p. 156*）だろう．

2）ドル（el dólar）は午前中ずっと115円以上（→*p. 130*）を維持した（mantenerse）．

3）国債（el bono del Estado）の発行総額（el volumen total de ～）は最近6年間で懸念されるほど（de forma preocupante）増加した．

102 表現 102

表現102 今年の上半期［期間］

今年の上半期の観光収入は昨年の同期の数字を上回った.

ヒント 上半期 el primer semestre（del año）　～を上回る superar a ～, ser superior a ～（→ *p.130, 131*）

解説

▶スペイン語には mes, año などの他に特定の時間の長さを示す語があります. semestre は「半年間・6か月間」の意味です. これを使って「下半期」は el segundo semestre（del año）と言います. もちろん「上半期」「下半期」を mes を使って言うこともできます.

los seis primeros meses（de este año）（上半期）
los seis últimos meses（de este año）（下半期）

解答例

Los ingresos por turismo **en el primer semestre de este año** han superado [han sido superiores] a los registrados **en el mismo período del año pasado**.

練習問題（次頁リスト参照）

1）衆議院（la Cámara de Representantes）議員（el parlamentario）の任期（el mandato）は4年である.
2）私はスペイン語会話の3か月コースに登録した（matricularse en ～）.
3）2022年の前半に日本の外貨準備高（las reservas de divisas）は減少した（→ *p. 156*）.

◆**期間を示す語句**

semana	(週)	semanal	(毎週の・週1回の)
quincena	(2週間)	quincenal	(2週間に1回の・2週間続く)
mes	(月)	mensual	(毎月の・月1回の)
		bimensual	(月に2回の)
		trimensual	(月に3回の)
bimestre	(2か月間)	bimestral	(2か月毎の・2か月続く)
trimestre	(3か月間)	trimestral	(3か月毎の・3か月続く)
cuatrimestre	(4か月間)	cuatrimestral	(4か月毎の・4か月続く)
semestre	(6か月間)	semestral	(6か月毎の・6か月続く)
año	(年)	anual	(毎年の・1年続く)
bienio	(2年間)	bienal	(2年毎の・2年続く)
trienio	(3年間)	trienal	(3年毎の・3年続く)
cuatrienio	(4年間)	cuatrienal	(4年毎の・4年続く)
quinquenio	(5年間)	quinquenal	(5年毎の・5年続く)
lustro	(5年間)		
decenio	(10年間)	decenal	(10年毎の・10年続く)

el curso trimestral [semestral]	(3か月 [半年] コース)
el primer trimestre de este año	(今年の1月から3月までの期間/上四半期)
el segundo trimestre de este año	(今年の4月から6月までの期間)
el tercer trimestre de este año	(今年の7月から9月までの期間)
el último trimestre de este año	(今年の10月から12月までの期間)
el primer semestre de 2023	(2023年の前半)
la segunda mitad del siglo XX	(20世紀後半)
un plan cuatrienal	(4か年計画)
celebrar un congreso cuatrienal	(4年に1度大会を開催する)

表現103 今月中に

私は今月中に契約書にサインしなければならない.

ヒント 今月中に　antes de que finalice [concluya] este mes, antes de fin de mes (月末までに)　契約書にサインする firmar el contrato　〜しなければならない →*p. 88*

解説

▶「今月中に」という日本語に相当するスペイン語は他にもありますが, この文脈での「今月中に」は期限を表していますので, antes de que finalice [concluya] este mes で言うことができます. antes de 〜 がここでは「(今から) 〜以内に」「(今から) 〜たたないうちに」の意味を表します. 日本語の「〜以内に」は antes de 〜 以外に次のような言い方があります.

Tengo que desocupar el piso **en el plazo de dos meses.**
(私は**2か月以内に**マンションを明け渡さなければならない)

El deudor tiene que saldar la deuda **en el término de cinco días.**
(債務者は**5日以内に**負債を清算しなければならない)

解答例

Tengo que firmar el contrato **antes de que finalice este mes.**

練習問題

1) 私は3か月以内に家を売らなければならない.

2) 災害予知連絡会 (el Consejo de Prevención de Desastres) の予測では, 20年以内 (antes de que transcurran 20 años) に東京に大地震が起こる (producirse un gran terremoto) らしい.

3) 米軍 (las Fuerzas Armadas estadounidenses) は現在も再度のテロ攻撃 (el ataque terrorista) に備え, 15分以内で (en menos de quince minutos) 戦闘機 (el cazabombardero) が出動できる態勢を維持している.

104 表現 104

表現104 今年になって

今年になってもう5千人以上の人が交通事故で亡くなった.

ヒント 今年になって（現在まで）en lo que va de año

解説

▶ año の代わりに mes, siglo などを使うことができます.

　　en lo que va de mes［siglo］（今月［今世紀］になって今まで）

▶動詞 ir の代わりに quedar を使って〈en lo que queda de año〉と言うと「（今から）今年が終わるまでに」の意味になります．たとえば〈en lo que queda hasta los Juegos Olímpicos〉は「今からオリンピックが始まるまで」の意味になります．動詞 restar を使った estos diez días que restan para finales del año（これから年末までの10日間）という言い方もあります.

▶序数（primero, segundo, tercero など［→*p. 141*］）と en lo que va de ～ を組み合わせると「～になって～度目」という意味を表すことができます．たとえば「**安倍政権になって2度目**の内閣改造」は，**la segunda** remodelación del gobierno **en lo que va de mandato de Abe** となるわけです.

解答例

Más de cinco mil personas ya perdieron la vida en accidentes de circulación **en lo que va de año**.

練習問題

1）今年になって30万人以上の日本人が海外旅行に出かけた.

2）先週から実施された交通料金の値上げ（el aumento de las tarifas del transporte）は今年に入ってもう2度目の値上げだ.

3）残念なことに今世紀になって数多くのテロ事件（el atentado terrorista）が起きている.

表現105 10年ぶりに

東京で積雪が20センチを越えたのは10年ぶりのことである．

ヒント 積雪が20センチを越える nevar más de veinte centímetros
10年ぶりに por primera vez en los últimos diez años

解説

▶「10年ぶりに」は por primera vez en los últimos diez años と言えますが，「10年ぶりに〜する」は Es la primera vez en los últimos diez años que 〜 と訳すこともできます．日本語の「〜年ぶりに」を表すスペイン語の表現はいくつかありますが，これはその一例です．「史上初」は por primera vez en la historia と言えばいいわけです（→*p. 144*）．primera の代わりに segunda を使うと「史上2度目」の意味になります．

▶前置詞 en の代わりに起点を表す desde を用いることもできます．

por primera vez **desde** el fin de la guerra （戦後初めて）

解答例

1. **Es la primera vez en los últimos diez años que** ha nevado más de veinte centímetros en Tokio.
2. **Por primera vez en los últimos diez años** se ha acumulado más de veinte centímetros de nieve en Tokio.

練習問題

1）自殺件数（el número de suicidios）の減少は6年ぶりのことである．

2）東北地方はこの冬，30年ぶりというきびしい寒波（la ola de frío）と，それによる大雪に見舞われた（ser azotado）．

3）ニューヨークの地下鉄が，停電から33時間ぶりに運転を再開した（volver a funcionar）．

106 表現106

表現106　結婚して50年になる

私の祖父母は結婚して50年になります.

ヒント 祖父母 los abuelos　～して50年になる hace cincuenta años que ～, llevar cincuenta años ～

解説

▶解答例1は〈hace + 時の単位 + que ～〉を使った訳例で，解答例2は〈llevar + 時の単位 + 副詞句〉（人が主語）を使った訳例です．llevar の構文を使う場合，副詞句の部分に現在分詞・過去分詞・前置詞句などを使うことができます．

Llevo ya dos horas **nadando**.
（私はもう2時間**泳いでいる**）

Mi hermana lleva ocho años **en Lima**.
（私の妹は**リマに**8年暮らしている）

Mi padre lleva una semana **sin fumar**.
（私の父は1週間**タバコを吸っていない**）

解答例

1. **Hace cincuenta años que** mis abuelos **están casados**.
2. Mis abuelos **llevan cincuenta años casados**.

練習問題

1）その死刑囚（el condenado a muerte）はもう25年も囚人生活をおくっている.

2）私の妻は妊娠6か月です（estar en el sexto mes de embarazo）.

3）時の経つのは速いものだ．彼はついこの間まで子供だったのに，もう3人の子供の父親だ.

表現107 ～したのは12年前です

彼らが名古屋で小さなパン屋を開業したのは今から12年前です.

ヒント パン屋を開業する abrir una panadería　～したのは今から12年前です Fue hace doce años cuando ～

解説

▶単に「～前に」と言うときは〈hace + 時間の単位〉または〈時間の単位 + atrás〉を使います. しかし「～したのは...年前です」と強調構文にする場合は前者を使って, Fue hace...años cuando ～ とします.

▶強調構文にしない場合は両方の形式を使うことができます.

Mi padre fundó su empresa **hace veinte años** [**veinte años atrás**], cuando tenía veinticinco años.（私の父は25歳だった**20年前に**会社を作った）

▶「～の...前に」は〈時間の単位 + antes de ～〉で訳します.（→『構文編』構文66）

Llegaron a la estación **cinco minutos antes de** la salida de su tren.
（自分たちの列車の出発**5分前に**彼らは駅に着いた）

解答例

Fue hace doce años cuando ellos abrieron una pequeña panadería en Nagoya.

練習問題

1）彼はまだ子供だった30年前に両親とペルーへやって来た.

2）私たちの便（el vuelo）の出発20分前に空港が停電になってしまった.

3）部長（el director）はほんの5分足らず前に（no hace ni cinco minutos que ～）はここにいました.

108 表現 108

表現108 **～から3日後まで**

事故発生から3日後まで，犠牲者の数は判明しなかった.

ヒント 犠牲者の数 el número de víctimas　～から3日後まで hasta tres días después de ～

解説

▶ tres días después de ～「～から3日後で」ですが，これに前置詞 hasta がついた形です．このように hasta は時を示す語句の前に置くことができます．

hasta tres días antes de la boda（結婚式の3日前まで）/**hasta** después de comer（食事が終わるまで）/**hasta** hace cuatro días（4日前まで）

▶「～から...後に」は次のように言います．

a las dos semanas del accidente　（事故から2週間後に）

a los cuatro meses de residir en Tokio　（東京に住んで4か月後に）

▶「～後に」は dentro de ～（主に「今から～後に」の文脈で使う），después de ～ または al cabo de ～ を使います．（→『構文編』構文63）

Llámeme **dentro de cinco minutos.**（5分後に電話を下さい）

La calefacción se apagó **al cabo de cinco minutos.**
（暖房は5分後に止まった）

解答例

No se pudo concretar el número de víctimas **hasta tres días después del accidente**.

練習問題

1）彼は出所して（salir de la prisión）3日後に銀行強盗を働いた（atracar un banco）.

2）私の両親は25年の結婚生活の後に離婚した（divorciarse）.

3）彼女は日本で暮らして数年ですっかり日本式の生活（la vida de estilo japonés）に慣れてしまった（acostumbrarse a ～）.

109 表現109

表現109 1990年11月3日に［年月日・日付・曜日］

フェルナンドは1990年11月3日に生まれた.

ヒント 1990年11月3日に el día 3 de noviembre de 1990

解説

▶スペイン語では年月日を日本語と正反対の「日/月/年」の順で表します.

el 4 de marzo de 2017　（2017年3月4日）

▶曜日をつけるときは，曜日が最初にきます.

el lunes 6 de marzo de 2023　（2023年3月6日月曜）

el martes 15　（15日の火曜）

▶「～日に」や「～曜日に」と言う場合は，前置詞は不要ですが，男性単数名詞の día が省略されていますので定冠詞 el（día）をつけます.

解答例

Fernando nació **el（día）3 de noviembre de 1990.**

練習問題

1）家電リサイクル法（la Ley de Reciclaje de Electrodomésticos）は2001年4月1日に施行された（→*p.41*）.

2）特定秘密保護法案（el Proyecto de Ley de Protección de Secretos de Estado）は2013年12月6日に参議院（la Cámara Alta）で可決された（ser aprobado）.

3）この卒業証書（el diploma）には日付がない（no llevar fecha）.

◆日付・曜日・月・季節の表現

¿A qué estamos（hoy）?	（今日は何日ですか?）
（Estamos）A veinticinco.	（25日です）
¿Qué fecha es hoy?	（今日は何月何日ですか?）
Hoy es 29 de septiembre.	（今日は9月29日です）
¿Qué día（de la semana）es hoy?	（今日は何曜日ですか?）
Hoy es sábado.	（土曜日です）
¿En qué mes estamos?	（今は何月ですか?）
En octubre.	（10月です）
el pasado 27 de agosto	（去る8月27日）
el pasado jueves día 14	（去る14日木曜日）
el domingo paszado	（この前の日曜）
hace dos semanas	（2週間前）
el sábado próximo	（今度の土曜）
el sábado que viene	（今度の土曜）
el próximo mes de abril	（今度の4月）

Osaka, el 14 de julio de 2018（大阪，2018年7月14日）［商業文の日付］

lunes（月曜日）	martes（火曜日）	miércoles（水曜日）
jueves（木曜日）	viernes（金曜日）	sábado（土曜日）
domingo（日曜日）		

enero（1月）	febrero（2月）	marzo（3月）
abril（4月）	mayo（5月）	junio（6月）
julio（7月）	agosto（8月）	septiembre（9月）
octubre（10月）	noviembre（11月）	diciembre（12月）

primavera（春）	en primavera（春に）
verano（夏）	en verano（夏に）
otoño（秋）	en otoño（秋に）
invierno（冬）	en invierno（冬に）

110 表現110

表現110 毎月第三月曜日

このスーパーマーケットの休業日は**毎月第三月曜日**です.

ヒント 毎月第三月曜日 los terceros lunes de mes
休業日は～です→（～に）休業する cerrar

解説

▶序数を使って訳します.「毎月第三月曜日」と言いたい場合は，los terceros lunes de mes とします.

el fin de semana	（週末に）
este fin de semana	（今週末に）
el último fin de semana de noviembre	（11月の最後の週末に）
a fines de mes	（月末に）
a finales de este mes	（今月の末に）
a finales de año, al final del año	（年末に）
a comienzos de enero	（1月の初めに）
a mediados de febrero	（2月半ばに）
a fines de febrero	（2月の末に）
en octubre de 1999	（1999年の10月に）
en la primera decena de agosto	（8月の上旬に）
en la segunda decena de mayo	（5月の中旬に）
en la última decena de marzo	（3月の下旬に）

解答例

Este supermercado cierra **los terceros lunes de mes.**

練習問題

1）私は去る4月から土曜日月に1回だけ働いている.
2）2022年末の日本の失業者（el desempleado）数は165万人だった.
3）この店の休業日は毎月第二・第四水曜日です.

111 表現111

表現111 48歳で［年齢］

その冒険家は遠征中に48歳で亡くなった.

ヒント 冒険家 el aventurero, la aventurera　遠征 la expedición
48歳で a la edad de 48 años, a los 48 años

解説

▶「48歳で」は，a la edad de 48 años または a los 48 años と言います.

▶日付—場所—年齢（語順）

La actriz falleció el viernes 3 en Valencia a la edad de 36 años.
（その女優は3日の金曜日に バレンシアで 36歳で死去した）

解答例

El aventurero murió **a los**［**a la edad de**］**cuarenta y ocho años** durante la expedición.

練習問題（次頁リスト参照）

1）市（el Ayuntamiento）は25歳から50歳までの男女に食品の安全（la seguridad alimentaria）に関するアンケートを行う（hacer una encuesta）ことにした.

2）満75歳といえば，私の父が亡くなった年齢です.

3）羊（la oveja）は通常11年から12年生きるが，世界初のクローン羊ドリー（la primera oveja clonada, Dolly）は6歳半で死んだ.

◆年齢の表現

ティーンエジャー	el/la adolescente
15歳前後の若者	quinceañero[ra]
20代の男［女］	［口語］veinteañero[ra]
30代の男［女］	［口語］treintañero[ra]
40代の男［女］	cuadragenario[ria] /［口語］cuarentón[tona]
50代の男［女］	quincuagenario[ria] /［口語］cincuentón[tona]
60代の男［女］	sexagenario[ria] /［口語］sesentón[tona]
70代の男［女］	septuagenario[ria] /［口語］setentón[tona]
80代の男［女］	octogenario[ria] /［口語］ochentón[tona]
90代の男［女］	nonagenario[ria] /［口語］noventón[tona]

hombres［mujeres］**con edades comprendidas entre los treinta y los treinta y cinco años**
（**30歳から35歳まで**の男性［女性］）

La tasa de desempleo aumentó **en todos los grupos de edad**.
（失業率は**全年齢層**で増加した）

En España la escolaridad obligatoria **se amplió hasta los 16 años**.
（スペインでは義務教育が**16歳まで延長**された）

mayor de ～ , menor de ～ （→*p. 129-130*「以上・以下・未満」）

los mayores de 18 años	（18歳以上の人）
los menores de 18 años	（18歳未満の人）
a partir de los 18 años	（18歳から）［18歳を含む］
niños con diez años o más	（10歳以上の子供たち）
niños de diez años en adelante	（10歳以上の子供たち）

第7章

幾何学的表現

物の形や大きさや位置など，幾何学的な言い方をスペイン語でどのように表現するかを本章では学びます．寸法や高さ・面積の表し方，形状や方向・方角・位置関係，緯度や経度，あるいは距離などの表し方をこの機会に是非覚えてください．

表現112 長さ25メートル［寸法］

学校のプールは長さ25メートル，幅12.5メートルで，深さは浅いところで1メートル，深いところで1.4メートルあります．

ヒント プール la piscina　長さ25メートル medir 25 metros de largo　幅12.5メートル 12,5（doce con cinco）metros de ancho（→*p. 128*「小数」）
深さが浅いところで1メートル tener una profundidad mínima de un metro

解説

▶「プールの長さが25メートルある」は medir か ser を使います．

La piscina **mide**［**es de**］25 metros de largo.

▶「深さが浅いところで1メートル，深いところで1.4メートル」は「最低1メートル，最高1.4メートルの深さ」と考えて解答例のように訳します（→*p. 148*）．

解答例

La piscina del colegio mide **veinticinco metros de largo** por doce con［coma］cinco de ancho y tiene una profundidad mínima de un metro y máxima de un metro y cuarenta centímetros.

練習問題（次頁リスト参照）

1）青函トンネル（el túnel submarino de Seikan）の長さは53.85キロメートルです．

2）棚（la estantería）を作るのに私は長さ80センチ，幅30センチの長方形の（rectangular →*p. 186*）板（la tabla, el tablero）が4枚必要です．

3）石油のしみ（la mancha de petróleo）は幅2キロ長さ36キロの範囲に及んだ（alcanzar una extensión de ～）．

◆大きさ

名詞	形容詞
tamaño（大きさ）	grande（大きい）/pequeño（小さい）
longitud（長さ）	largo（長い）/corto（短い）
altura（高さ）	alto（高い）/bajo（低い）
profundidad（深さ）	profundo/hondo（深い）
	poco profundo（浅い）
extensión（広がり）	extenso（広大な）
anchura（幅）	ancho（幅の広い）/estrecho（幅の狭い）
grosor（厚み）	grueso（太い，厚い），gordo（太い，厚い）/
	delgado（細い，薄い）
espesor（厚み）	espeso（厚い）
peso（重さ）	pesado（重い）
	ligero（軽い）

El iceberg, con **un grosor de cien metros**, mide **50 kilómetros de longitud y 30 de anchura**.
（その氷山は**厚さ100メートル**で，**長さ50キロ**，**幅30キロ**です）

La estantería mide **dos metros exactos de altura**.
La estantería mide **exactamente dos metros de altura**.
（本棚の**高さはちょうど2メートル**ある）

La falda del nuevo uniforme que llevarán las mujeres policía **deberá cubrirles 10 centímetros por debajo de la rodilla**.
（婦人警官の新しいユニフォームのスカートは丈が**膝下10センチでなければならない**）

Las pistas de esquí tienen **un espesor de 80 centímetros de nieve**.
（そのスキー場は**80センチの積雪**がある）

表現113 6階建て以上の建築物［高さ］

この地区では6階建て以上の建築物は禁止されている.

ヒント 6階建て以上の建築物 edificios con alturas superiores a seis plantas, edificios de seis o más pisos（→*p. 130*） ～することは禁止されている está prohibido + 不定詞句

解説

▶「6階建て以上の建築物」は名詞 altura を使って edificios con alturas superiores a seis plantas とするか（解答例1），edificios de seis o más pisos とします（解答例2）．また「6階建て以上の建築物は禁止されている」は「6階建て以上の建築物を建設することは禁止されている」ということですから動詞 construir を補います．

▶「～することは禁止されている」は〈está prohibido +不定詞句〉（不定詞句が文法上の主語）の構文で訳すか（解答例1），再帰受身（edificios が文法上の主語）で訳します（解答例2）．

解答例

1. En este barrio está prohibido construir **edificios con alturas superiores a seis plantas.**
2. En este barrio no se pueden construir **edificios de seis o más pisos.**

練習問題

1）東京タワー（la Torre de Tokio）の高さは333メートルです.

2）都庁の第一庁舎（el edificio 1 del Ayuntamiento de Tokio）は地上48階，地下（el sótano）3階建ての高層ビルです.

3）交信が途絶えた（la pérdida de contacto）時点で，スペースシャトルコロンビア（el transbordador espacial *Columbia*）は，テキサスの上空，高度約62キロを時速（→*p. 152*）約2万キロで飛行していた.

表現114 この川は浅い［深い・浅い］

この川は浅いので大型の船は航行できない.

ヒント 浅い（ser）poco profundo, tener poca profundidad　大型の船 el buque
（川・運河が）航行できる ser navegable　（船が）航行する navegar

解説

▶スペイン語には「深い」という形容詞（profundo）はありますが,「浅い」を意味する語はありません. それで「浅い」は profundo や hondo を使って poco profundo または poco hondo と言わなければなりません.

▶「浅いので船は航行できない」は「船の航行に十分な深さがない」と考えて no tener suficiente profundidad と訳します.

▶解答例2は動詞 navegar を使って訳してあります.

解答例

1. **Este río** no es navegable en buques porque **no tiene suficiente profundidad.**
2. Los buques no pueden navegar en este río porque [...].

練習問題

1）東シナ海（el Mar de la China Oriental）の2,000メートルの海底に天然ガス田（el yacimiento de gas natural）が発見された.

2）アンコウ（el rape）は200メートルから500メートルの（a una profundidad de ～）深海に生息している.

3）気象庁（la Agencia Meteorológica）によると, 震源地（el epicentro）は福岡県の西方（→*p. 194*）150キロの日本海沖で（en el Mar de Japón), 震源の深さは9キロである.

115 表現 115

表現115 周囲の長さ約235キロ［外周］

琵琶湖は日本最大の湖で，周囲の長さが約235キロあります．

ヒント 最大 →*p. 148*　　周囲の長さが～キロの con un perímetro de ～ kilómetros

解説

▶湖や島などの周囲の長さ（外周）は perímetro ですが，文脈に応じて動詞 tener を使ったり，前置詞 con を使います．

tener un perímetro de 20 kilómetros
（外周20キロある）

un lago con un perímetro de 20 kilómetros
（外周20キロある湖）

▶課題文は前置詞 con で訳すと簡潔な文になります．もちろん con un perímetro... を y tiene un perímetro... とすることもできます．

解答例

El Biwa es el lago más grande de Japón **con un perímetro de unos 235 kilómetros**.

練習問題

1）市が車線（el carril）を1本廃止して，歩道を2メートル拡張した（ganar dos metros más）結果，歩道の幅（→*p. 178*）は4メートルになった．

2）屋久島は周囲約130キロ，東西約28キロ，南北約24キロの（→*p. 194*）ほぼ円形の（→*p. 186*）島です．

3）半径（el radio）8センチの円（la circunferencia →*p. 186*）の円周（el perímetro）は50.24センチである．

116 表現 116

表現116 身長170.7センチである ［身長・体重・胸囲］

20歳の日本人男性の平均的体格は，身長170.7センチ，体重66キロ，胸囲86.8センチである．

ヒント 身長〜センチである medir 〜 centímetros de estatura　体重〜キロである pesar 〜 kilos　胸囲〜センチである tener un perímetro torácico de 〜 centímetros

---

解説

▶一般に身長は medir，体重は pesar を使って言いますが，動詞 ser を使うこともできます．

El atleta mide 1,75 metros（de estatura）y pesa 63 kilos.
（そのアスリートは身長175センチ，体重63キロである）

Mi estatura es de un metro setenta y cinco（centímetros）.
（私の身長は175センチです）

▶課題文は日本語に従って「平均的体格」を主語にせずに，el japonés medio de veinte años（20歳の平均的日本人男性）を主語にすると動詞 medir, pesar を使うことができます．（→*p. 147*）

解答例

El japonés medio de veinte años **mide 170,7 centímetros, pesa 66 kilos y tiene un perímetro torácico de 86,8 centímetros.**

練習問題

1）私の母の身長は平均（la media normal →*p. 147*）より高い．

2）その力士（luchador de *sumo*）の体重は140キロあるが，幕内（la primera división llamada *makuuchi*）の平均体重より10キロぐらい劣る．

3）私の息を吐ききった時の（en espiración máxima）胸囲は90センチです．

117 表現117

表現117 最大40トンの荷重［重さ］

この橋は最大40トンの荷重に耐えられるように設計されている.

ヒント 最大～の荷重に耐える soportar［aguantar］una carga máxima de ～
設計されている estar diseñado[da]

解説

▶形容詞の pesado[da]（重い）や ligero[ra]（軽い）は una maleta pesada［ligera］（重い［軽い］スーツケース）のように名詞を直接修飾する場合（付加的用法）に使われ,「～は重い」のように述部を作るときは, 動詞 pesar がよく使われます. また pesar は副詞（mucho, bastante, poco など）による修飾で重さの程度を示すことができます.

Esta maleta **pesa mucho.**
（このスーツケースは**とても重い**）

Esta maleta **no pesa mucho.**
（このスーツケースは**あまり重くない**）

Esta maleta **pesa poco.**
（このスーツケースは**軽い**）

解答例

Este puente está diseñado para **soportar una carga máxima de cuarenta toneladas.**

練習問題

1）新発売のノートパソコン（el ordenador portátil）は重量がわずか2キロしかありません.
2）座礁したタンカー（el petrolero encallado）は5万トンの原油を積んでいた.
3）体重65キロの人が走るときには, それぞれの足には200キロ近くの負荷（la carga）がかかる.

表現118 タバコの形をした［形状］

タバコ規制枠組み条約は，タバコの形をしたチョコレートやおもちゃの生産を禁じている.

ヒント タバコ規制枠組み条約 el Convenio Marco sobre el Control del Tabaco
タバコの形をしたチョコレート chocolate con forma de cigarrillo

解説

▶「～の形をしている」は tener (la) forma de ～ と言います．de 以下は形容詞になることもあります．たとえば「三角の形をしている」は，tener forma triangular となります.

El jardín **tiene forma cuadrada.** （庭は正方形である）
Su cara **tiene forma ovalada.** （彼の顔は卵形をしている）
Italia **tiene la forma de una bota.** （イタリアはブーツの形をしている）

▶名詞を修飾するときは，前置詞の en か con を使って〈en［con］forma + 形容詞〉または〈en［con］forma de + 名詞〉とします.

un logotipo **en［con］forma lenticular** （レンズの形をしたロゴ）
una hucha **en［con］forma de cerdo** （ブタの形をした貯金箱）
una flor **en［con］forma de campanilla** （吊り鐘の形をした花）

解答例

El Convenio Marco sobre el Control del Tabaco prohíbe fabricar chocolates y juguetes **con forma de cigarrillo**.

練習問題（次頁リスト参照）

1）アフリカ大陸（el continente africano）は人間の頭蓋骨（el cráneo）の形をしている.

2）水納島《みんなじま》はクロワッサン（el cruasán）の形をした面積2平方キロメートル（→*p. 187*）しかないとても小さな島です.

3）日本列島（el archipiélago japonés）は南北に（→*p. 194*）長い形をしている.

◆**形の表現**（図形）

	名詞		形容詞
多角形	el polígono	多角形の	polígono
			poligonal
三角形	el triángulo	三角形の	triangular
直角三角形	el triángulo rectángulo		
	el triángulo rectangular		
正三角形	el triángulo equilátero		
正方形	el cuadrado	正方形の	cuadrado
長方形・四角形	el rectángulo	長方形の・四角い	rectángulo, rectangular
平行四辺形	el paralelogramo		
四辺形	el cuadrilátero	四辺形の	cuadrilátero
菱形	el rombo	菱形の	rombal
台形	el trapecio	台形の	trapecial
円	el círculo, la circunferencia	円形の	circular
円柱	el cilindro	円柱の	cilíndrico
円錐	el cono	円錐の	conoidal
角柱	el prisma	角柱の	prismático
角錐	la pirámide	角錐の	piramidal
立方体	el cubo	立方体の	cúbico
球	la esfera	球状の	esférico

119 表現 119

表現119　総面積は788平方キロメートルである［面積］

仙台市の総面積は788平方キロメートルで，政令指定都市の中では札幌市に次ぐ第2位の広さである.

ヒント 総面積 la superficie total, la extensión total　平方キロメートル el kilómetro cuadrado　政令指定都市 la ciudad designada por decreto ley
～に次いで después de ～　第2位の →*p. 141*「序数を使った表現」

解説

▶面積を表す単位は kilómetro cuadrado（平方キロメートル）で，「10平方キロメートル」は diez kilómetros cuadrados と言います.

▶「仙台市」を主語にする場合は tener か contar con（解答例1）を，「面積」を主語にする場合は ser を使います（解答例2）. 主語によって動詞が変わる点に注意してください.

解答例

1. La ciudad de Sendai **tiene una extensión** ［**cuenta con una superficie**］ **total de 788 kilómetros cuadrados** y es la segunda ciudad más grande, después de la ciudad de Sapporo, entre las designadas por decreto ley.
2. La superficie total de la ciudad de Sendai **es de 788 kilómetros cuadrados** y es la segunda ciudad con mayor superficie, después de la ciudad de Sapporo, entre las designadas por decreto ley.

練習問題

1）イビサ島（la isla de Ibiza）の面積は575平方キロメートルです.

2）エルサルバドル共和国（la Républica de El Salvador）は総面積21,040平方キロメートルの小さな国です.

3）関東大震災（el gran terremoto de Kanto）で発生した火災による焼失面積（la superficie quemada）は約38平方キロメートルに達した（→*p. 156*）.

表現120 14億立方キロメートル［容積・体積］

地球には14億立方キロメートルの水があると言われている.

ヒント 地球 la Tierra　14億 mil cuatrocientos millones　立方キロメートル kilómetros cúbicos

---

解説

▶容積や体積の単位の「立方～」は形容詞 cúbico を使います. metro（メートル）や kilómetro（キロメートル）は男性名詞ですので, これに性・数一致をします.

un metro cúbico　（1立方メートル）
dos metros cúbicos　（2立方メートル）

▶「地球には水がある」の「ある」は tener でもかまいませんが, disponer de を使うことができます.

解答例

Se dice que la Tierra dispone de **mil cuatrocientos millones de kilómetros cúbicos de agua.**

練習問題

1）富士山の体積（el volumen）は400立方キロメートルにもなります.
2）この駐車場は1,500台の車を収容できる（tener capacidad para ～）.
3）甲子園球場は5万3千人の観客（el espectador）を収容できる野球場（el estadio de béisbol）です.

121 表現 121

表現121 人口密度は～である［人口密度など］

東京の人口密度は1平方キロあたり840人で先進諸国の中で最高です.

ヒント 人口密度 la densidad demográfica, la densidad de población
1平方キロあたり por kilómetro cuadrado（→*p. 133*） 最高です →*p. 148*

解説

▶「先進諸国の中で最高です」は，同格の名詞句で処理することができます．つまり，densidad de población de 840 personas por kilómetro cuadrado の後に，カンマを入れて la cifra más alta de... を続けるだけです．

解答例

Tokio tiene **una densidad de población de 840 personas por kilómetro cuadrado**, la cifra más alta de los países desarrollados.

練習問題

1）ベルギー（Bélgica）の人口密度は1キロ平方メートルあたり383人だが，スペインは100人にも満たない．

2）都市部（la zona urbana）は農村部（la zona rural）にくらべて人口密度が高い．

3）骨粗《そ》鬆《しょう》症（la osteoporosis）は骨密度（la densidad ósea［del hueso］）が低下し，その結果骨がもろくなる病気です．

表現122 路地の突き当たりに［位置関係］

私の家は路地の突き当たりにあります.

ヒント 路地の突き当たりに al fondo del callejón

解説

▶「〜にある（位置している）」は estar の他に situarse, encontrarse, hallarse などで訳すことができます.

▶位置関係を正確に言えるようにするために，次頁のリストで知識を整理してください.

解答例

Mi casa está **al fondo del callejón.**

練習問題（次頁およびp.192のリスト参照）

1）女性専用車両（el vagón exclusivo para mujeres）は列車の先頭（a la cabecera del tren）か後方（al final del tren）にある.

2）車のバンパー（el parachoques）は車体（la carrocería）を保護するために車の前方と後方に取付けられている（estar montado）.

3）消防署（el parque de bomberos）の前に車を駐車する（aparcar）ことは禁止されている.

◆位置を示す表現

A se encuentra/se halla/se sitúa/se ubica/en ～	（A は～にある［位置している］）
en ～	（～に）
sobre ～	（～の上に）
encima de ～	（～の上に）
debajo de ～	（～の下に）
dentro de ～	（～の中に）
fuera de ～	（～の外に）
en el interior de ～	（～の内側・内部に）
en el exterior de ～	（～の外側・外部に）
a la derecha de ～	（～の右に）
a la izquierda de ～	（～の左に）
en la parte superior a la derecha	（右上に）
en la parte inferior a la derecha	（右下に）
en la parte superior a la izquierda	（左上に）
en la parte inferior a la izquierda	（左下に）

entre A y B	（A と B の間に）
al fondo de ～	（～の奥に）
al final de ～	（～の終わりに）
al lado de ～	（～の側に）
en el centro de ～	（～の中央に）
delante de ～	（～の前に・で）
detrás de ～	（～の後ろに・で）
（en）la parte delantera	（前方［に］）
（en）la parte trasera	（後方［に］）
cerca de ～	（～の近くに）
lejos de ～	（～から離れて・遠くに）

Han instalado una pantalla gigante **en el exterior de**l edificio.
（ビルの**外部に**巨大なスクリーンが設置された）

El niño se puso una camiseta blanca, **dejándo**la **por fuera de** los pantalones.
（その子供は白いTシャツをズボン**の外に出して**着た）

El museo está **enfrente de** la estación.
（博物館は駅**の正面に**ある）

El banco está **frente a**l cine.
（銀行は映画館**の正面に**ある）

El edifido **de enfrente** está en venta.
（**正面の**建物は売りに出されている）

Se puso a llorar **de cara** a la ventana.
（窓に**顔を向けて**泣きはじめた）

El ministro se sentó **en diagonal a** mí.
（大臣は私の**斜め向かいに**座った）

El Sr. Yamamoto, **segundo por la derecha**.
（山本さん，**右から2人目**）［写真の説明などで］

表現123 東京の南方海上に［東西南北］

八丈島は，東京の南方海上287キロメートルに位置している．

ヒント ～の南287キロメートルに a 287 kilómetros al sur de ～
～に位置している estar［encontrarse, hallarse］situado a ～

解説

▶「～の南287キロメートルに」は，a 287 kilómetros al sur de ～ と言います．課題文では「南方海上」となっていますが，島は海にあることは周知のことですから，「海上」は訳さなくてかまいません．しかし mar adentro を加えてもよいでしょう．課題文が「東京の南287キロメートルの太平洋上にある」となっている場合は，está situada en el océano Pacífico a 287 kilómetros…とすればよいでしょう．

▶「位置している」は estar situado ですが，estar の代わりに encontrarse や hallarse を使うこともできます．

解答例

Hachijojima está［se encuentra］situada **a 287 kilómetros**（**mar adentro**）**al sur de Tokio.**

練習問題（次頁リスト参照）

1）トレド市はイベリア半島（la península Ibérica）のほぼ中心に位置する．

2）日光は東京の北約120キロの所にある．

3）イースター島（la isla de Pascua）は，チリ沖（la costa chilena）3,750キロの位置にある南太平洋（el océano Pacífico Sur）上の小さな島である．

◆東西南北

al este de ～	（～の東側に）	en el este de ～	（～の東に）
al oeste de ～	（～の西側に）	en el oeste de ～	（～の西に）
al sur de ～	（～の南側に）	en el sur de ～	（～の南に）
al norte de ～	（～の北側に）	en el norte de ～	（～の北に）

una isla situada a 1.000 kilómetros **al sur de** Tokio
（東京**の南**1,000キロ**に**ある島）

Kabukicho se encuentra situado **al este de** la estación de Shinjuku.
（歌舞伎町は新宿駅**の東側に**ある）

Barcelona está **en el este de** la península Ibérica.
（バルセロナはイベリア半島**の東に**ある）

注意：内部に含まれて位置している場合は en を，外側にある場合は a を使います．バルセロナはイベリア半島の内部の東にあるので en el este de ～ となるわけです．歌舞伎町は新宿駅の東側にあるので al este de ～ となります．

El desierto de Sáhara mide unos 5.600 kilómetros **de este a oeste** y unos 1.700 kilómetros **de norte a sur** con una superficie de casi diez millones de kilómetros cuadrados.
（サハラ砂漠は**東西**約5,600キロメートル，**南北**約1,700キロメートルで，面積はほぼ1,000万平方キロメートルである）

La Cordillera del Norte, la Central y la del Sur de los Alpes japoneses se extienden [se prolongan] de forma paralela **de norte a sur**.
（日本の北アルプス，中央アルプス，南アルプスは**南北に**平行して延びている）

extremo oriental	（最東端）	extremo occidental	（最西端）
extremo meridional	（最南端）	extremo septentrional	（最北端）

Wakkanai es una ciudad situada **en el extremo septentrional de** Japón.（稚内《わっかない》は**日本の最北端に**ある町です）

124 表現124

表現124 東経141度21分に［緯度・経度・海抜など］

札幌市は東経141度21分，北緯43度3分に位置している．

ヒント 東経141度21分 141 grados 21 minutos（de）longitud este
北緯43度3分 43 grados 3 minutos（de）latitud norte
～に位置している estar［encontrarse, hallarse］situado a ～

解説

▶「東経」は longitud este，「西経」は longitud oeste，「北緯」は latitud norte，「南緯」は latitud sur と言います．「東経141度」は141 grados（de）longitud este となります．前置詞の de を省略することもあります．緯度・経度の言い方の例をいくつか挙げておきます．

a 135 grados de longitud este （東経135度に）
a 135 grados de longitud oeste （西経135度に）
a 40 grados de latitud norte （北緯40度に）
a 40 grados de latitud sur （南緯40度に）

解答例

La ciudad de Sapporo está situada **a 141**（ciento cuarenta y un）**grados 21**（veintiún）**minutos（de）longitud este y 43**（cuarenta y tres）**grados 3 minutos（de）latitud norte.**

練習問題

1）旭川市役所（el Ayuntamiento de Asahikawa）は，東経142度22分4秒，北緯43度46分7秒，標高（sobre el nivel del mar）111メートルの位置にある．
2）バルセロナは北緯41度25分にある．
3）高尾山の山頂は海抜（sobre el nivel del mar）約600メートルである．

表現125 東京と札幌間の距離は［距離］

東京と札幌間の距離は1,000キロ以上あります.

ヒント 東京と札幌間の距離 la distancia entre Tokio y Sapporo

解説

▶どの構文にするかで，訳し方が異なってきます．動詞 haber を使うと，解答例1か2のように言うことができます．estar a ～（～の所にある）を使うこともできますし，distar de ～（～から離れている）を使うこともできます．Tokio を主語にすると解答例3または4のように訳すことができます．

▶〈a ＋時間単位＋ desde ～〉（～から…の所にある）で所要時間を示すこともできます．

El monte Takao se encuentra situado aproximadamente **a una hora** en tren **desde** Shinjuku.
（高尾山は新宿**から**電車で約**1時間の**所にある）

解答例

1. **Entre Tokio y Sapporo** hay más de mil kilómetros.
2. **La distancia**（**que hay**）**entre Tokio y Sapporo** es de más de mil kilómetros.
3. **Tokio está a** más de mil kilómetros de **Sapporo**.
4. **Tokio dista de Sapporo** más de mil kilómetros.

練習問題

1）その博物館は渋谷から行っても，原宿から行っても同じ距離の所にあります．

2）霧（la niebla）のため視界（la visibilidad）は50メートルしかなかった．

3）さそり座のアンタレス（la estrella Antares del Escorpión）は地球から約500光年（500 años luz）離れている．

126 表現126

表現126 反時計回りに［方向］

地球は地軸を軸に，北極星から見て反時計回りに自転している．

ヒント 地軸 el eje de rotación　北極星 la estrella polar　反時計回りに en sentido contrario a las agujas del reloj, en dirección contraria a las agujas del reloj　自転する girar

---

解説

▶主に sentido または dirección を使って「方向・方角」を表すことができます．「方向」の表現の例をいくつか挙げておきます．

en sentido horizontal（水平方向に）　en sentido vertical（垂直方向に）
cruzar el lago en sentido este-oeste（東から西へ湖を横断する）
en el sentido［en la dirección］de las agujas del reloj（時計回りに）
en el sentido de la flecha（矢印の方向へ）
en dirección contraria（反対方向に）
en dirección a Nagoya（名古屋へ向かって）
de arriba abajo（上から下へ）
de abajo arriba（下から上へ）
de derecha a izquierda（右から左へ）
de izquierda a derecha（左から右へ）

解答例

La Tierra gira sobre el eje de rotación **en sentido contrario a las agujas del reloj**, según se mira desde la estrella polar.

練習問題

1）台風の渦（el remolino del tifón）は左巻き（反時計回り）です．
2）日本語は上から下に縦書きもできるし，左から右に横書きもできる．
3）札幌の中心部は道路が碁盤の目のように（como una tabla cuadriculada）区画されている．

コラム 色の表現と性数一致

基本色を示す名詞 rojo（赤）, negro（黒）, blanco（白）, verde（緑）, azul（青）などに形容詞や他の名詞をつけて，様々な色調を表すことができます．たとえば azul に celeste（空の）をつけると azul celeste（空色）になります（celeste だけでも「空色（の）」意味で使われます）．他に azul marino（ネイビーブルー）/ verde botella（深緑）/ verde musgo（モスグリーン）/ verde esmeralda（エメラルドグリーン）/ verde oliva（オリーブ色）/ amarillo limón（レモン色）/ rojo sangre（血のような赤）などがあります．

これらの名詞句で他の名詞を修飾する場合には注意が必要です．「青い目」は los ojos **azules** です（azules は形容詞なので ojos と一致して s がつきます）が,「空色の目」は los ojos **azul celeste** か los ojos **de color azul celeste** と azul は複数になりません．これは azul celeste が名詞を修飾するときは同格句として使わてれいるためです．los ojos celestes（空色の目）では celeste が形容詞として使われているので名詞と数で一致しています．

第８章

表現力の向上をめざして

最終章では，スペイン語の表現力を向上させるためのいくつかの注意点を，次の3点に絞って扱います．

a）複数の訳例

外国語への翻訳はこれが正解というものはありません．訳し方は決して一つではありません．どのタイプの述部を使うか（述部の選択），またどれを主語にして文を組み立てるか（主語の選択・構文の決定）によっていくつかの訳例が考えられます．本章では日本をスペイン語に訳す場合には複数の訳例（表現127 ～ 130）があることを確認したいと思います．

b）スペイン語に翻訳しにくい日本語の表現

スペイン語に訳しにくい日本語の表現（表現131 ～ 136）もたくさんあります．もちろんこの逆の場合もあるわけですが，本章ではスペイン語へ翻訳しにくいケースをいくつか見ていきたいと思います．多くの場合は一つのパターンを覚えれば意外と簡単にスペイン語に訳すことができます．

c）明確な文を書く，単調な文体をさける

最後に文をより明確にしたり，単調な文体をさけるための作文のテクニック（表現137 ～ 139）を学習します．

127 表現 127

表現127 （～と）矛盾する

彼のやっていることは彼の言っていることと矛盾する.

ヒント ～と矛盾する contradecir ～, contradecirse con ～, ser contradictorio con ～, estar en contradicción con ～

解説

▶スペイン語を書く際にはどのタイプの述部を使うかを常に意識してください（→*p.* 2「述語のタイプ」）.「矛盾」を意味する語には contradicción（名詞）, contradictorio（形容詞）, contradecir（動詞）がありますので, 動詞 contradecir, contradecirse 以外にも複合述部を使った訳例（解答例3/4/5）がいくつか考えられます.

▶「彼のやっていること」を su conducta と,「彼の言っていること」を sus palabras と訳すこともできます.

解答例

1. Lo que hace él **contradice** lo que dice.
2. Lo que hace él **se contradice con** lo que dice.
3. Lo que hace él **es contradictorio con** lo que dice.
4. Lo que hace él **está en contradicción con** lo que dice.
5. **Hay una contradicción** entre lo que hace él y lo que dice.

練習問題

1）火災にあった高層ビルは崩壊する（derrumbarse, desplomarse, caerse, venirse abajo）危険がある.

2）2028年にロサンゼルス（Los Ángeles）でオリンピックが開催されることになっている.（tener lugar, celebrarse を使って）

3）2005年3月に21世紀最初の（→*p.* 144）万国博覧会が愛知で開幕した（inaugurarse, abrir sus puertas）.

表現128 詰めかける

そのコンサートに5万人が**詰めかけた**.

ヒント コンサート el concierto　～に詰めかける acudir a ～, asistir a ～（参加する）

解説

▶どの語句を文の主語にするかで，構文が異なります．日本語の構文にならって「5万人」を主語にして訳すか（解答例1），それとも発想を転換して「コンサート」を主語にするか（解答例2）を考えます．前者の場合は動詞は asistir a か acudir a を使えます．後者の場合は，述部に tener una asistencia を使います．両者の違いをよく観察してください．

▶『構文編』構文9で扱った「奈良はまだ伝統的な日本の面影を残している」も異なる構文で訳してあります．

En Nara queda todavía un tipismo del Japón tradicional.

Nara conserva aún un tipismo del Japón tradicional.

解答例

1. Cincuenta mil personas **asistieron al** concierto.
2. El concierto **tuvo una asistencia de** cincuenta mil personas.

練習問題（2通りの訳で）

1）今年スペインではたくさんの森林火災（el incendio forestal）が発生した．

2）雨不足（la falta de lluvias）でこの地方の農業は大きな打撃を受けた．

3）年金問題（el problema de las pensiones）は容易には解決できない．

表現129 目標の達成はほど遠い

日本にとって，京都議定書に定められた**目標の達成はほど遠い**.

ヒント 京都議定書 el Protocolo de Kioto　目標を達成する alcanzar el objetivo
～するのはほど遠い estar lejos de + 不定詞句

解説

▶〈estar lejos de + 不定詞句〉を使って訳します（解答例1）．この表現では主語に人も事柄も立てることができます．

Estamos **lejos de resolver el problema**.
（私たちは**問題の解決**にはまだまだです）

El problema **está lejos de resolverse**.
（その問題は**解決にはほど遠い**）

▶解答例2は difícilmente alcanzable を使った訳例ですが，副詞を変えることによっていくつかの表現が可能です．

un objetivo **cómodamente alcanzable**　（**楽に達成できる**目標）
un objetivo **plenamente alcanzable**　（**完全に達成できる**目標）

解答例

1. Japón **está lejos de alcanzar el objetivo** estipulado en el Protocolo de Kioto.
2. Para Japón **el objetivo** estipulado en el Protocolo de Kioto **es difícilmente alcanzable**.

練習問題

1）現在の政治状況（las circunstancias políticas）を考慮すると，その国は民主化（la democratización）にはほど遠い.

2）来年度の予算案（el proyecto de presupuestos）は累積赤字の解消（eliminar el déficit acumulado）にはほど遠い.

3）現在の自動車市場においては電気自動車の普及はまだほど遠い.

表現130 アルコール飲料を飲み過ぎると〜だ

アルコール飲料を飲み過ぎると肝臓により大きな負担がかかります.

ヒント アルコール飲料を飲み過ぎる tomar excesivamente bebidas alcohólicas, el consumo excesivo de bebidas alcohólicas（名詞句）
肝臓により大きな負担をかける←肝臓により大きな負担を要求する exigir un mayor esfuerzo del hígado

---

解説

▶「〜すると...だ」は事物を主語にするとうまくスペイン語に訳せる場合があります. その場合は動詞の選択が重要です.

Este tren te lleva directo hasta Sapporo.
（**この電車に乗れば**君は札幌に直行で行けます）

▶解答例1は主語に名詞句 el consumo excesivo de bebidas alcohólicas（アルコール飲料の飲み過ぎ）を使った訳例です.

解答例

1. **El consumo excesivo de bebidas alcohólicas** exige un mayor esfuerzo del hígado.
2. **Si se toman excesivamente bebidas alcohólicas**, el hígado tiene que realizar un mayor esfuerzo.

練習問題

1）血圧が上がる（el aumento de la presión arterial）と心臓により大きな負担がかかる.

2）体が冷える（el enfriamiento del cuerpo）と感染への抵抗力（la resistencia a las infecciones）が減少する（→*p. 156*）.

3）私は肺炎（la neumonía）にかかって, 3週間病床に伏さなければならなかった（→*p.88*）.

表現131 見逃さない

私はこの脚本家の芝居は絶対に見逃さない.

ヒント 脚本家 el/la guionista　　芝居を見逃す perderse una obra de teatro

解説

▶スペイン語に翻訳しにくい日本語の表現はたくさんありますが，「(映画などを) 見逃す」もその一つでしょう．perderse は行事などに「参加しない」，映画などを「見逃す」の意味を示します．

Nunca me pierdo la Fiesta de la Nieve que tiene lugar cada año en Sapporo.
(私は毎年札幌で行われる雪祭りは**絶対に見逃さない**)

解答例

No me pierdo ninguna obra de teatro de este guionista.

練習問題

1) 十和田湖へ到着するまで私たちは交替で運転した (turnarse al volante).
2) 二人の子供が両親の目の前で (frente a los ojos de ～) 高波 (grandes olas) にさらわれた.
3) 1月から4月に (→*p. 160*) 実施された人員削減 (el recorte de plantilla) で最も影響を受けた産業部門 (el sector industrial) は，通信 (las telecomunicaciones) 部門で，9万1,799人が解雇された.

表現132 本気で～する

所得税の改革案に対して，今回国民は**本気で抗議している**.

ヒント 所得税の改革案 el proyecto de reforma del impuesto sobre la renta
本気である ir en serio

解説

▶日本語の「本気」は，en serio をいくつかの動詞と組み合わせることによって訳すことができます．課題文は la protesta del pueblo（国民の抗議）を主語にして，ir en serio で訳します．en serio が含まれる表現例を挙げておきます．

tomarse en serio （本気にする・本気でやる）
no tomar en serio （本気にしない）
decir en serio （本気で言う）
trabajar en serio （本気で・真面目に働く）

解答例

Esta vez **la protesta** del pueblo contra el proyecto de reforma del impuesto sobre la renta **va en serio**.

練習問題

1）本気を出して勉強しないと，君は留年する（repetir el curso）ことになるよ．
2）警察は誘拐犯の脅し（las amenazas del secuestrador）を本気にしなかった．
3）彼女は半分冗談（mitad en broma），半分本気で退職後（después de jubilarse）はメキシコで老後を過ごす（pasar su ancianidad）つもりだと言った．

表現133 （〜に）間に合う

開店まで1週間あるので，内装の変更はまだ間に合います．

ヒント 開店 la inauguración　内装を変更する cambiar la decoración interior
〜に間に合う estar a tiempo de + 不定詞句

解説

▶〈a tiempo de + 不定詞句〉は estar や llegar とともによく使われます．〈estar a tiempo de + 不定詞句〉は「〜をする時間のゆとりがある」「〜に間に合う」という意味で，〈llegar a tiempo de + 不定詞句〉は「〜に間に合って到着する」という意味になります．llegar a tiempo（間に合って着く）のようにそれだけで使われることもあります．

解答例

Como tenemos una semana para la inauguración, **todavía estamos a tiempo de** cambiar la decoración interior.

練習問題

1）もう10時を回ってしまったので，君は大阪行の最終の新幹線（el último tren bala para 〜）に間に合わないよ．

2）予約のキャンセル（cancelar la reserva）はまだ間に合います．

3）我が社には最悪の事態を回避する（evitar lo peor）時間的猶予がまだあります．

表現134 (〜の) 途中にある

私は駅と家の途中にあるスーパーマーケットで買物をする.

ヒント 駅と家の途中に a mitad de trayecto entre la estación y la casa

解説

▶「途中で」もスペイン語に訳しにくい表現です. 文脈によって訳し方が異なってきます. いくつか例を挙げておきますので参考にしてください.

salir del cine **a media película**
(**映画の途中で**映画館を出る)

marcharse **a mitad de la reunión**
(**会議の途中で**席を立つ)

bajarse **a medio camino**
(**途中**下車をする)

a medio camino de Sendai, **de camino a** Sendai
(仙台に**向かう途中で**)

解答例

Hago compras en un supermercado que hay **a mitad de trayecto entre la estación y mi casa**.

練習問題

1) 会長は会議の途中で怒って, 席を立ってしまった.

2) 空港へ向かう途中で, 携帯に急ぎの電話がかかってきた.
(携帯電話 el (teléfono) móvil [スペイン], el celular [中南米])

3) 観光客の一行は博多へ向かう途中だった(estar a medio camino de 〜)が, 台風 (el tifón) が接近してきた (acercarse) ために大阪へ引き返さなければならなかった.

表現135 テロの標的となる

マドリード市は2004年3月にテロの標的となった.

ヒント ～の標的となる ser objeto de ～　　テロ el atentado terrorista

解説

▶〈ser objeto de + 名詞句〉（～の対象・標的・的である）という表現を覚えてください. objeto は無冠詞で使われます. 類似の構文をとる表現に次のようなものがあります.

〈ser motivo de + 名詞句〉（～の原因である）

La enfermedad del hijo **es motivo de preocupación** para la familia.
（息子の病気は家族の**心配の種である**）

〈ser consecuencia de + 名詞句〉（～の結果である）

El golpe de Estado **es consecuencia de la corrupción** del gobierno.
（クーデターは政府の**腐敗の結果である**）

〈ser fruto de + 名詞句〉（～の結果・賜物《たまもの》である）

Sus éxitos **son fruto de sus constantes esfuerzos**.
（彼の成功は**たゆまぬ努力の賜物である**）

解答例

La ciudad de Madrid **fue objeto de atentados terroristas** en marzo de 2004.

練習問題

1）アメリカ大陸の先住民たち（los indígenas）は何世紀にもわたって人種差別（discriminación racial）を受けてきた（ser objeto de ～）.

2）その映画の検閲（la censura）が論争（la controversia）の原因となった.

3）技術の進歩は科学者たちの不断の努力（esfuerzos constantes）と数多くの失敗から生まれた（ser fruto de ～）.

136 表現 136

表現136 (...の) ついでに～した

我が家を改築した<u>ついでに</u>床暖房システムを設置した.

ヒント 改築 la reforma　...のついでに～する aprovechar...para + 不定詞句
床暖房システム el sistema de calefacción del suelo

解説

▶「ついでに」もスペイン語に訳しにくい表現の一つです. 文脈によって訳語が変わってきますが, 動詞 aprovechar で訳せる場合があります.

解答例

Hemos aprovechado la reforma de nuestra casa **para** instalar el sistema de calefacción del suelo.

練習問題

1) 私はマドリードへ寄ったついでにトレドまで足を延ばした.
2) 祖父は朝の散歩のついでに, 野鳥 (ave silvestre) の写真をとっている.
3) 台所を改装 (la reforma de la cocina) したついでに, 冷蔵庫 (la nevera) を買い替えました.

表現137 試合後の記者会見で

昨日の試合後の記者会見で，そのサッカー選手は今シーズン限りで引退することを表明した．

ヒント 記者会見 la rueda [la conferencia] de prensa　今シーズン限りで al terminar la presente temporada　引退する abandonar su actividad profesional, colgar las botas（サッカー選手の引退）

解説

▶「昨日の事故」は「昨日起きた事故」のことですし,「記者の質問」は「記者がした質問」のことですから，正確に訳すと el accidente **ocurrido** ayer, la pregunta **formulada por** un periodista となります．しかし文脈によっては単に el accidente **de** ayer, la pregunta **de** un periodista とするだけですむ場合もあります．前置詞 de を避けたほうがよい例を見てください．

el accidente **ocurrido** ayer en Kobe（昨日神戸で**起きた**事故）

una pregunta **formulada por** un periodista extranjero al ministro（ある外国人記者**が大臣にした**質問）

▶課題文の「試合後**の**記者会見」も「試合後**に行われた**記者会見」ことですから，解答例のように訳すと内容が明確になります．

解答例

En una conferencia de prensa celebrada después del partido de ayer, el jugador de fútbol declaró que iba a abandonar su actividad profesional [colgar las botas] al terminar la presente temporada.

練習問題

1）容疑者（el presunto autor）は５日間にわたる（→*p. 161*）警察の取調べで罪を認めた．（confesarse culpable を使って）

2）容疑者は検察官（el fiscal）の視線を無視した．（echar una mirada を使って）

3）米国のキューバへの経済制裁（la sanción económica）がキューバの経済発展を妨げている．

コラム　関係節か過去分詞か？

名詞は形容詞や形容詞句による修飾が可能ですが，修飾する名詞の内容が複雑な場合は，関係節でその内容を特定することができます．ここでは名詞を過去分詞で修飾する場合と，関係節で修飾する場合の相違を考えてみましょう．

過去分詞は完了を示しますので，未来に言及する内容を示すことはできません．たとえば「その外国人記者**が大臣にするつもりの**質問」は関係節にして(1)のように言います．

(1)　las preguntas que el periodista extranjero **hará** al ministro

しかし，これと同じ内容を過去分詞を使って訳すことはできません．「その外国人記者**が大臣にした**質問」は(2)のように関係節でも訳せますし，(3)のように過去分詞を使うこともできます．

(2)　las preguntas que el periodista extranjero le **hizo** al ministro

(3)　las preguntas **hechas** por el periodista extranjero al ministro

関係節による修飾の利点は動詞の時制を明確化できるということです．

138 表現 138

表現138 深刻な問題である

酸性雨はかつて人類が経験したことのない**深刻な問題である**.

ヒント 酸性雨 las lluvias ácidas　経験する experimentar
深刻な問題である constituir［ser］un grave problema

解説

▶日本語の「～である」「～となる」は ser で訳すことができますが，ser 以外の動詞（constituir，suponer，representar など）を使って，文体に変化をつけることができます．課題文の「問題である」も ser と constituir で言い表せます．次頁にいくつか例を挙げておきますので参考にしてください．

▶受動文で使われる ser も次の例のように他の動詞を使うことができます．

El Sr. Kishida **salió elegido presidente de**l Partido Liberal Democrático.
（岸田氏は自民党の**総裁に選出された**）

解答例

Las lluvias ácidas **constituyen［son］un grave problema** que la humanidad nunca ha experimentado.

練習問題（次頁リスト参照）

1）サクランボ（la cereza）は山形県の重要な農産物（el producto agrícola）である．

2）油田（el yacimiento petrolífero）は中東諸国（los países del Oriente Próximo）の最大の（→*p. 148*）財産である．

3）2001 年にヒトゲノム解読（la descodificación del genoma humano）が完了したことは現代生物学（la biología actual）における大きな出来事だった．

◆ser の文体的バリエーションとして使われる動詞

constituir

La contaminación atmosférica **constituye un grave problema** de las grandes ciudades.
（大気汚染は大都市の**深刻な問題となっている**）

La disminución de nacimientos **constituye un grave problema** social en nuestro país.
（出生数の低下が我が国で**深刻な**社会**問題となっている**）

consistir en ～

Antiguamente los cuatro sabores fundamentales **consistían en** lo dulce，lo ácido，lo salado y lo agrio.
（かつて味覚の基本は「甘・酸・塩・苦」の4種類**とされていた**）

suponer

La muerte de nuestra hija **supuso un fuerte impacto** para nosotros.
（娘の死は私たちにとって**大きな衝撃だった**）

Este premio **supondrá**［**constituirá**］**un acicate** para que él pueda crear otras obras mejores. /
Este premio le **sirvirá de acicate** para crear otras obras mejores.
（この賞は彼がよりよい作品を生み出すための**励みになるだろう**）

representar

La apreciación del yen frente al dólar **representa un respiro temporal** para las empresas importadoras.
（ドルに対する円高は輸入企業にとって**一時的な安堵である**）

conducir a ～

Consumir productos agrícolas nacionales **conduce a defender** nuestra agricultura y medio ambiente.
（国産の農産物を食べることは我が国の農業や環境を**守ることにつながる**）

presentar

Las negociaciones sobre el convenio laboral **presentarán bastantes dificultades**.
（労働協約の交渉には**かなりの困難が伴うだろう**）

表現139 (〜の) 署名がある

その記事には先月辞任した参議院議員の署名がある.

ヒント 記事 el artículo　参議院議員 el senador, la senadora（衆議院議員 el diputado, la diputada）　署名記事→〜に署名されている venir firmado por 〜

解説

▶ estar の代わりに ir や venir などの他の動詞が使われる場合があります. 〈ir + 過去分詞〉, 〈venir + 過去分詞〉（動詞の迂《う》言《げん》形と呼ばれる形式）のように過去分詞を伴う場合と, 前置詞句を従える場合があります.

El libro **va encuadernado** en piel.
（その本は革で**製本されている**）

El impreso **va sin encuadernar**.
（その印刷物は**製本されていない**）

▶解答例は〈venir + 過去分詞〉を使った訳例です.

解答例

El artículo **viene firmado** por el senador que dimitió el mes pasado.

練習問題

1）カッコ内（entre paréntesis）の数字は便名（el número de vuelo）を示しています.

2）その書簡は国連事務総長（el secretario general）宛てのもの（ir dirigido a 〜）だった.

3）この車はV型8気筒で（de ocho cilindros en V）4,200cc のエンジンを搭載している（ir equipado con 〜）.

練習問題解答例

第2章　複合述部

表現1（*p. 10*）

1）El economista criticó duramente [hizo una dura crítica a] la reforma fiscal del país.

2）Mis padres hicieron un viaje de lujo a Kioto para celebrar sus bodas de oro.

3）Dada la falta de sangre para transfusiones, el hospital municipal hace un llamamiento a los ciudadanos para que donen sangre.

表現2（*p. 12*）

1）Cuando volvió la madre, los niños daban brincos en la cama.

2）El profesor, enfadado, salió del aula dando un portazo.

3）Creo que se debe dar [conceder] mayor importancia a la intimidad personal que a la libertad de prensa.

表現3（*p. 14*）

1）En las guerras los países que tienen poder militar tienen más ventajas que los que no lo tienen.

2）Él tiene gran influencia en círculos financieros.

3）Las obras de Picasso tienen prestigio mundial.

表現4（*p. 15*）

1）Ella tiene una gran facilidad para los idiomas.

2）Juan tiene mucha debilidad por las mujeres.

3）Nuestra empresa no tiene capacidad financiera para invertir en este proyecto turístico.

表現5（*p. 16*）

1）Es difícil no tener envidia de nadie.

2) Tenga cuidado con el *phishing* cuando reciba un correo electrónico que le solicite su contraseña.
3) Cuando se tiene resaca es conveniente tomar mucha agua.

表現6 (*p. 17*)
1) El ministro tiene la inteligencia de eludir las preguntas que le hacen los periodistas en la rueda de prensa.
2) Mi hija tiene la mala costumbre de comer entre horas.
3) El director general tuvo la amabilidad de invitarme a su casa.

表現7 (*p. 18*)
1) El tango argentino tuvo su origen en el barrio de La Boca de Buenos Aires.
2) La fabricación de coches japoneses tuvo su inicio en 1935 con la producción anual de mil unidades.
3) La deflación tiene su reflejo en la caída de los precios y del sueldo.

表現8 (*p. 20*)
1) El mes pasado el Sr. Suzuki tomó posesión de su cargo como decano de la Facultad de Medicina.
2) El ministro ha tomado la decisión de reducir el número de funcionarios antes de fin de año.
3) Ellos tomaron la iniciativa de reunir firmas para conseguir el derecho a voto de los japoneses residentes en el extranjero.

表現9 (*p. 22*)
1) El equipo local lleva ventaja en los partidos de fútbol.
2) La asociación de turismo lleva el control de los datos estadísticos del turismo de esta zona.
3) Debido al tifón, el vuelo 55 lleva dos horas de retraso.

表現10 (*p. 24*)
1) Japón pone restricciones a la importación de algunos productos agrícolas [agrarios] procedentes de México.
2) Ese pueblo fronterizo pone todo su empeño en la lucha contra el tráfico de drogas.
3) Cada mañana mi padre pone especial esmero en elegir la corbata que

se va a poner.

表現11（*p.26*）

1）En Japón no hay abundancia de suelo edificable, por lo que los terrenos y las viviendas son caros.
2）Cuando hay escasez de oxígeno, se produce una combustión incompleta.
3）Hay un gran consumo de maíz en México.

表現12（*p.28*）

1）Dicen que las ondas electromagnéticas que emiten los aparatos electrónicos causan efectos perjudiciales para la salud.
2）Su invención causó un gran asombro en el mundo.
3）La opinión de ese comentarista político ejerce una gran influencia sobre la opinión pública.

表現13（*p.29*）

1）En primavera muchas plantas empiezan a echar brotes.
2）Él siempre echa la culpa de sus propios errores a los demás.
3）Los niños de este jardín de infancia se echan la siesta después de comer.

表現14（*p.30*）

1）El consumo privado experimentó un fuerte incremento durante el pasado mes.
2）El índice Nikkei experimentó［sufrió］ayer una importante caída.
3）El número de líneas del metro de Madrid ha experimentado en los últimos años un notable aumento.

表現15（*p.32*）

1）Niigata sufrió un gran terremoto en 2004.
2）La línea Chuo sufrió un retraso de una hora debido a la avería de las agujas.
3）Él sufrió un esguince en el tobillo izquierdo en el partido amistoso de ayer.

表現16（*p.33*）

1）La mayor parte de los países africanos consiguió su independencia entre los años cincuenta y sesenta del siglo XX.

2）La selección japonesa de fútbol femenino consiguió su primer triunfo [su primera victoria] en las Olimpiadas de 2004.

3）El presidente argentino presentó ayer su dimisión al Parlamento.

表現17（*p.34*）

1）La novela que ganó el Premio Akutagawa tuvo mucha aceptación entre los jóvenes.

2）El nuevo régimen tardó varios años en obtener el reconocimiento de la comunidad internacional.

3）El nombre de esa actriz que hizo furor hace una década ha caído en el más completo olvido.

表現18（*p.35*）

1）Cayó una gran nevada en Tokio la semana pasada.

2）Con la falta de lluvias se ha agudizado este verano el problema de la sequía.

3）En la madrugada de hoy se ha declarado un gran incendio en una refinería.

表現19（*p.36*）

1）Los vecinos estaban completamente ignorantes del proyecto de la construcción de una planta de tratamiento de basuras.

2）Los inversores están pendientes de la decisión del Banco de Japón.

3）El actual gobierno no será capaz de superar esta crisis diplomática.

表現20（*p.37*）

1）Ninguno de los pasajeros resultó herido en el accidente ferroviario ocurrido ayer en Ueno.

2）Aproximadamente 600 habitantes resultaron afectados por las radiaciones en un accidente nuclear ocurrido hace veinte años.

3）Debido al apagón, muchas personas quedaron atrapadas en metros y ascensores de los rascacielos.

表現21（*p.38*）

1）El primer ministro se mostró contrario a la reforma del sistema de pensiones.

2）El ecosistema de Japón se ve amenazado por la introducción de especies foráneas.

3）Ella se sintió herida en su orgullo al leer la reseña de su obra publicada en una revista.

表現22（*p.39*）

1）Me he hecho socio de un club deportivo para perder peso.

2）Los rumores de posible quiebra del Banco X se hicieron ayer realidad.

3）Los síntomas de la alergia al polen se vuelven intensos en los días soleados y secos de los meses de marzo y abril.

表現23（*p.40*）

1）Las declaraciones del gobernador prefectural han dejado patente que no piensa presentarse de nuevo como candidato en las próximas elecciones.

2）Sus palabras me ponen nervioso.

3）Él tuvo un ataque apopléjico que le dejó paralizado el costado derecho.

表現24（*p.41*）

1）El primer monorraíl suspendido en nuestro país entró en servicio en 1957.

2）La nueva central eólica de nuestra ciudad entró en funcionamiento el año pasado.

3）Un volcán entró ayer en erupción en Islandia.

表現25（*p.42*）

1）La democracia no ha llegado a su total desarrollo en algunos países del mundo.

2）Con la implantación de la transmisión digital, la época de la analógica llegó a su fin.

3）Tres meses después del accidente los servicios de trenes volvieron a la normalidad. /
A los tres meses del accidente los servicios de trenes volvieron a la

normalidad.

表現26（*p.43*）
1）Las dos medallas de oro que obtuvo Ohashi sirvieron de estímulo a otros nadadores japoneses.
2）No creo que el castigo físico sirva de lección a los niños.
3）Japón sirvió de modelo a países que carecen de recursos naturales por su éxito al conseguir un desarrollo económico.

表現27（*p.44*）
1）Doce mil soldados están bajo el mando de ese general.
2）Actualmente esta zona está bajo el control de las fuerzas de la ONU.
3）Cien mil militantes están bajo el mando del dirigente de ese partido político. /
El dirigente de ese partido político tiene bajo su mando a cien mil militantes.

表現28（*p.45*）
1）Estamos ante una política económica totalmente ajena a los intereses de los consumidores.
2）Veinte personas se encuentran todavía en paradero desconocido.
3）La política diplomática de Japón se encuentra actualmente en una grave encrucijada.

表現29（*p.46*）
1）En 1957 la antigua Unión Soviética consiguió poner en órbita el primer satélite artificial, el Sputnik 1.
2）Las entradas para los Juegos Olímpicos pronto se pondrán a la venta.
3）El comandante del avión secuestrado se puso en contacto con la torre de control.

表現30（*p.48*）
1）Una avería en el cable me dejó sin servicio de correo electrónico durante dos días.
2）El gran terremoto ocurrido en 2011 dejó sin hogar a numerosas personas.
3）Un asunto urgente me dejó sin vacaciones.

表現31（*p.49*）

1）El Ayuntamiento sacó a concurso público la construcción de la nueva biblioteca.

2）La Constitución japonesa garantiza la libertad de expresión y prohíbe someter a la censura publicaciones y películas.

3）El fracaso en la inversión bursátil lo llevó a la ruina.

表現32（*p.51*）

1）El conflicto fronterizo entre ambos países sigue sin solucionarse.

2）El caso sigue sin resolverse.

3）Sigue sin conocerse el nombre del próximo ministro de Asuntos Exteriores.

第3章　コロケーション

表現33（*p.55*）

1）Osamu Tezuka desempeñó un papel importante en el desarrollo del *manga* japonés.

2）El turismo juega un papel importante en esta isla para reducir la tasa de desempleo.

3）Mi PC es muy viejo, pero no pienso cambiarlo mientras me haga su servicio.

表現34（*p.56*）

1）El plan de saneamiento financiero propuesto por los directivos entraña un gran riesgo.

2）Las autoridades han asegurado que el área contaminada con radiactividad es pequeña y no hay riesgo para la salud de la población.

3）Los expertos alertan de que 76.000 especies están en peligro de extinción.

表現35（*p.57*）

1）El Ayuntamiento ha publicado un folleto que reúne los conocimientos básicos para afrontar diversos tipos de crisis como el terremoto, la inundación, los atentados terroristas, etc.

2）El aumento del precio del crudo agudizó la crisis energética de nuestro país.

3）El paciente sometido a la operación de trasplante de corazón ha salido del estado crítico en que se encontraba.

表現36（*p.58*）

1）La humanidad tiene que resolver urgentemente el problema del medio ambiente.

2）No hay nadie que no tenga ningún problema de relaciones humanas.

3）La pobreza, el crecimiento demográfico y el deterioro del medio ambiente son problemas importantes a los que la humanidad tiene que dar una rápida solución.

表現37（*p.59*）

1）No seas impaciente. Espera a que el semáforo se ponga en verde.

2）Es muy peligroso cruzar la calle con el semáforo en rojo［cruzar el semáforo en rojo］.

3）Tanto los transeúntes como los conductores deben respetar los semáforos para prevenir los accidentes de tráfico.

表現38（*p.60*）

1）Hansen batió［superó］el récord mundial de los 200 metros braza masculinos establecido por Kosuke Kitajima.

2）En 2019 el corredor Kulízhnikov batió el récord mundial en los 500 metros masculinos del patinaje de velocidad con un tiempo de 33,61 segundos.

3）En el mundo del deporte tiene más importancia ganar que conseguir un récord.

表現39（*p.61*）

1）El incremento del número de desempleados durante el año pasado desbordó［superó］las previsiones del gobierno.

2）La pianista rompió su noviazgo con un director de cine.

3）Nadie se atrevía a romper el silencio incómodo que reinaba en la sala de reunión.

表現40（*p.62*）

1）Como el humo llenaba el vagón, los pasajeros salieron de él tapándose

la nariz con un pañuelo.
2）Los médicos observaban una radiografía aguzando la vista.
3）Al escuchar la noticia, el director se tapó los oídos con las manos.

表現41（*p.63*）
1）Se ha levantado la alarma de grandes nevadas que se daba para toda el área de la región de Kanto.
2）El gobernador del Estado de Nueva York declaró el estado de emergencia.
3）Los manifestantes cortaron ayer varias calles del centro de la ciudad.

表現42（*p.64*）
1）Nuestra empresa piensa deponer [abandonar] su actitud hostil para llevar a cabo una cooperación empresarial.
2）Canadá endureció su posición en las negociaciones pesqueras con España.
3）La sentencia dictada ayer por el Tribunal Supremo va a sentar un precedente para otros casos similares.

表現43（*p.65*）
1）Reírse refuerza la inmunidad para superar diversas enfermedades.
2）El estancamiento prolongado de la economía está aniquilando la moral [el brío, el ánimo] de los asalariados.
3）La organización de narcotraficantes blanquea el capital realizando inversiones en bienes inmobiliarios.

表現44（*p.66*）
1）El accidente ferroviario ocurrido en 2005 en Amagasaki provocó la muerte de más de cien personas.
2）El incendio en el rascacielos de Madrid producido en 2005 provocó el derrumbe de una parte de sus plantas superiores.
3）El proyecto de construir pisos de protección oficial de 30 metros cuadrados levantó una polémica en España.

表現45（*p.67*）
1）Los bancos japoneses han decidido adoptar medidas preventivas contra los fraudes con tarjetas duplicadas.

2）Como prefería no hablar de aquel asunto, tuve que desviar la conversación.
3）Al alcalde le preocupa que la construcción de una prisión dañe la imagen de la ciudad.

表現46（*p.68*）
1）Hay más personas que toman las escaleras mecánicas que las que suben las escaleras en las estaciones de tren.
2）Pisé a fondo el acelerador para adelantar varios camiones.
3）Ella descolgó el teléfono y marcó el 119 para llamar a una ambulancia.

表現47（*p.69*）
1）El Estado financia a cada parlamentario el sueldo de tres secretarios.
2）El primer ministro manifestó a la prensa que iba a disolver la Cámara de Representantes y adelantar las elecciones generales.
3）Para reformar la Constitución japonesa se necesitan dos tercios de votos o más a favor de todos los miembros tanto de la Cámara de Representantes como de la de Senadores, y, además, se exige la ratificación del pueblo japonés en un referéndum.

表現48（*p.70*）
1）El nivel de vida de los japoneses aumentó considerablemente en la época de alto crecimiento económico.
2）A raíz de la propagación del mal de las vacas locas, crecen las críticas a la industrialización de la agricultura que ha dado la mayor prioridad al aumento de la productividad.
3）Mañana finaliza［termina］el plazo de solicitud de becas.

表現49（*p.71*）
1）Le latió el corazón con rapidez al oír esa noticia.
2）El partido se reanudará cuando amaine la lluvia.
3）Esta manzana se ha macado tanto que ya no se puede comer.

表現50（*p.72*）
1）La situación internacional tiene un futuro incierto.
2）Como no tengo sentido de la orientación, no tengo ni la más remota idea de dónde se halla el hotel en el que me alojo.

3）Los prisioneros se encuentran sometidos a una estrecha vigilancia militar.

表現51（*p. 73*）

1）El director de orquesta obtuvo un resonante éxito en el primer concierto.

2）Le exigieron un precio exorbitante por la reforma de su piso.

3）Estás ante una oportunidad única que no debes dejar escapar.

表現52（*p. 74*）

1）Él obtuvo pingües beneficios con un negocio oscuro. /
Un negocio oscuro le proporcionó pingües beneficios.

2）Los ciclistas tienen que subir una empinada cuesta antes de llegar a la meta.

3）Debido al rápido aumento de internautas［usuarios con acceso a Internet］, empiezan a aparecer últimamente personas que amasan una inmensa fortuna con el negocio electrónico.

表現53（*p. 75*）

1）El presidente tiene plena confianza en el ministro de Finanzas.

2）A la juventud de este país la espera un futuro incierto.

3）Dada la tensión en la situación internacional, la guerra es una realidad tangible en cualquier rincón del mundo.

表現54（*p. 76*）

1）Es materialmente imposible impedir que se produzca un accidente de tráfico.

2）En Japón el parto está vinculado con el casamiento, por lo que el aumento del índice de soltería está directamente vinculado con la caída de la tasa de natalidad［fecundidad］.

3）Es un asunto vitalmente importante para nuestro país aumentar el grado de autoabastecimiento energético.

表現55（*p. 77*）

1）La bolsa está herméticamente cerrada para que los granos de café no pierdan su aroma.

2）Miguel está perdidamente enamorado de Teresa.

3）«El Guernica» de Picasso es una obra sobradamente conocida.

表現56（*p. 78*）

1）Llovía torrencialmente cuando llegamos a un refugio de montaña.
2）Esta frase no se entiende si se la traduce literalmente al japonés.
3）Los partidos de la oposición rechazaron categóricamente el proyecto de reforma del Código Penal propuesto por el gobierno.

表現57（*p. 79*）

1）El odontólogo［El dentista］anestesió al paciente antes de extraerle una muela.
2）Cualquiera pierde la calma si está desprevenido.
3）El papa Juan Pablo II falleció a los 84 años de edad tras debatirse los tres últimos días entre la vida y la muerte.

表現58（*p. 80*）

1）El cohete japonés H2A fue lanzado con éxito en febrero de 2005.
2）Si la reforma fiscal no se realiza con éxito, el actual primer ministro se verá obligado a presentar su dimisión.
3）Esta película, que causó sensación en el Festival de Cine de Cannes, no tuvo éxito comercial.

第４章　機能表現

表現59（*p. 82*）

1）Los estudios turísticos demuestran que superó la barrera de los cincuenta y tres millones el número de turistas que visitaron Kioto en 2019.
2）Algunos estudios prevén que la facturación del comercio electrónico va a alcanzar en 2030 los seis billones de dólares en todo el mundo.
3）Los últimos estudios afirman que los ácidos grasos EPA（eicosapentanoico）y DHA（docosahexaenoico）que se encuentran con abundancia en los pescados azules contribuyen a disminuir la viscosidad de la sangre［viscosidad sanguínea］.

表現60（*p.* 83）

1）La Asociación Japonesa de Médicos tiene el propósito de apoyar a los partidos de la oposición en las próximas elecciones generales.

2）La Asociación Turística tiene previsto realizar una campaña con la intención de promover el turismo de invierno en la zona.

3）La OPEP tiene el propósito de reducir su producción de crudo en un millón de barriles a partir del mes próximo.

表現61（*p.* 85）

1）Los vecinos desean que su ciudad sea una ciudad segura en la que no haya delincuencia.

2）Las familias de los rehenes están ansiosas por su pronta liberación.

3）Los transportistas esperan la pronta inauguración de la autopista Shin-Tomei.

表現62（*p.* 88）

1）La calidad del agua corriente en Japón tiene que cumplir las normas de la calidad del agua prescritas en la Ley del Agua.

2）Con la reforma de las ordenanzas de Prevención del Incendio los vecinos de Tokio tienen que instalar una alarma contra incendios a la hora de construir casas nuevas o reformar sus casas.

3）Las fábricas deben asumir determinada responsabilidad por el tratamiento de residuos industriales.

表現63（*p.* 91）

1）El alcalde se vio obligado a abandonar el proyecto de construcción de una prisión en su ciudad debido al rechazo de los vecinos.

2）No tuve más [otro] remedio que aceptar un trabajo nocturno, porque llevaba mucho tiempo sin trabajo.

3）La tenista se vio obligada a no jugar en la final debido a la lesión en el pie sufrida en la semifinal. /
La lesión en el pie sufrida en la semifinal obligó a la tenista a no jugar en la final.

表現64（*p.* 92）

1）La ambulancia tardó más de lo debido en llegar.

2）La nieve causó ayer un total de 30 accidentes de tráfico, dos veces

más de lo habitual.
3） La deflación se prolongó más de lo esperado [previsto].

表現65 (*p. 93*)
1） El conflicto territorial es un problema diplomático difícil de solucionar [de difícil solución].
2） Cambiar el partido al que se pertenece después de salir elegido es un comportamiento difícil de justificar políticamente [de difícil justificación política].
3） El récord mundial establecido por ese atleta es una marca difícil de superar [una marca difícilmente superable].

表現66 (*p. 95*)
1） Hoy en día existe la posibilidad de que se produzca un atentado terrorista en cualquier ciudad del mundo.
2） Existe el peligro de que se extienda la gripe del pollo.
3） Los discapacitados en silla de ruedas se ven en la imposibilidad de utilizar la mayor parte de los baños [aseos] públicos.

表現67 (*p. 97*)
1） De los datos publicados por la Agencia Meteorológica se deduce que el fenómeno de la isla de calor en el centro de las grandes ciudades se intensificará en el futuro.
2） De la encuesta realizada a cinco mil niños se desprende que las escenas violentas en televisión pueden conducir a su agresividad.
3） Del elevado número de muertos debidos al asbesto se desprende que los daños causados por el asbesto en la salud son mucho más graves de lo que nos imaginamos.

表現68 (*p. 98*)
1） Sigue disminuyendo el número de los que acceden a la universidad debido a la baja natalidad.
2） La superficie forestal en las zonas tropicales se está perdiendo aceleradamente en los últimos veinte años.
3） Se están sucediendo una serie de delitos informáticos de utilizar ilegalmente los datos personales de los clientes empleados en el proceso de compra por Internet.

表現69（*p. 100*）

1）Me parezco más a mi padre que a mi madre.

2）El hombre guarda［tiene］muchas semejanzas con los antropomorfos.

3）La situación económica de hoy día es semejante［similar］a la de antes de la crisis económica mundial de 1929.

表現70（*p. 102*）

1）A diferencia de lo que sucedía hace treinta años, los ancianos de hoy gozan de un poder adquisitivo más alto.

2）Estos dos hermanos no se parecen ni en el físico ni en el carácter. / Estos dos hermanos son desiguales tanto en el físico como en el carácter.

3）Los datos obtenidos en el experimento presentan una ligera diferencia con los calculados previamente.

表現71（*p. 104*）

1）Creo que ese parlamentario no es una persona indicada para el cargo de ministro［para ocupar la cartera］de Asuntos Exteriores, porque exterioriza enseguida sus sentimientos.

2）Como ella es muy inconstante en sus sentimientos［Como ella tiene muchos altibajos de humor］, me cuesta tratar con ella.

3）El aumento de la tasa de desempleo ha creado un sentimiento de impotencia entre los jóvenes.

表現72（*p. 105*）

1）No te preocupes, se le pasará enseguida el enfado.

2）El éxito que tuvo en el examen de ingreso la llenó de alegría.

3）Mentiría si dijera que no siento rencor contra la empresa que me ha despedido.

表現73（*p. 108*）

1）Carlos es un hombre de carácter débil, pero es muy severo con sus inferiores en el trabajo.

2）Su carácter dubitativo le impide decidir nada por sí mismo.

3）Tengo tan poca voluntad que no puedo dejar de fumar por mucho que lo intente.

表現74（*p. 111*）

1）Me resulta difícil creer que sean hermanos, porque el mayor es rechoncho, mientras que el menor es muy esbelto.

2）Uno de los atracadores que se escaparon era de mediana estatura y complexión normal, y tenía la cara redonda y el pelo castaño. / [...] tenía una estatura mediana, complexión media, la cara redonda y el pelo castaño.

3）La protagonista de esa historia es una chica rubia con la cara muy pecosa.

表現75（*p. 113*）

1）Tápate la boca con la mano cuando bostezas.

2）La ganadora del maratón femenino estaba tan emocionada que contestaba con una voz entrecortada en la entrevista.

3）El ministro de Finanzas estaba sentado con las piernas cruzadas.

第 5 章　数量表現

表現76（*p. 118*）

1）El número de personas activas en Japón es de sesenta y ocho millones aproximadamente.

2）El número de detenidos por tenencia y consumo de drogas alcanzó en 2017 la cifra de 14.019.

3）El número de incendios declarados en 2021 fue de 35.222, cifra que representa 531 más que en el año anterior.

表現77（*p. 119*）

1）El Banco A quebró con una deuda de miles de millones de yenes.

2）Más de doscientas mil personas perdieron la vida en el maremoto ocurrido en diciembre de 2004 en la costa de la isla indonesia de Sumatra.

3）Varios miles de empleados asistieron a la ceremonia inaugural del nuevo edificio de su empresa.

表現78（*p. 121*）

1）China genera alrededor del 28% del total de dióxido de carbono emitido a la atmósfera en todo el mundo.

2) La tasa de desempleo correspondiente al mes de abril subió al 5,5%, dos décimas más que en el mes anterior y la más alta en la historia.

3) El número de abonados al teléfono móvil creció en un 47% el año pasado.

表現79（*p. 123*）

1) Esa telenovela registró una cifra espectacular al alcanzar al 62,9% de índice de audiencia.

2) La tasa de criminalidad en esta prefectura correspondiente al año pasado se situó en 1.650,5 infracciones por cada cien mil habitantes.

3) El índice de población senil es la proporción de ancianos mayores de 65 años en relación con la población activa que comprende las edades entre los 15 y los 64.

表現80（*p. 125*）

1) Una cuarta parte de la población mundial todavía no tiene acceso al agua limpia.

2) En la primera ronda se exigen los dos tercios de los votos para salir elegido.

3) La cantidad de gases emitidos por automóviles se reduciría en una cuarta parte de la actual si no hubiera atascos de tráfico en el área metropolitana de Tokio.

表現81（*p. 128*）

1) Las temperaturas medias del globo aumentarán en un siglo entre 1,4 y 5,8 grados centígrados.

2) El Protocolo de Kioto obligaba a los países desarrollados a reducir antes de 2012 en un 5,2% las emisiones de los gases de efecto invernadero con respecto al nivel de 1990.

3) El PIB（producto interior bruto）creció 0,5% en términos reales en el segundo trimestre del año pasado con respecto al trimestre anterior.

表現82（*p. 129*）

1) Más de ocho mil japoneses fueron víctimas de delitos cometidos el año pasado en el extranjero.

2) Los que tienen sesenta y cinco o más años pagan por término medio

unos 6.000 yenes mensuales como prima del seguro público para el cuidado de ancianos dependientes.
3）En las elecciones municipales celebradas la semana pasada hubo una abstención superior al 40% de los electores.

表現83（*p. 132*）
1）Si elevas 3 al cubo, el resultado es 27.
2）La raíz cuadrada de 25 es 5.
3）El índice de masa corporal（IMC）, utilizado para medir la obesidad, se obtiene dividiendo el peso en kilogramos por el cuadrado de la altura en metros.

表現84（*p. 133*）
1）La frecuencia de los trenes en esta estación es de uno cada diez minutos.
2）El pasado año, de cada cien muertos en accidentes de tráfico, cincuenta no utilizaban el cinturón de seguridad.
3）En España cada ciudadano consume aproximadamente 100 kilogramos de papel al año.

表現85（*p. 135*）
1）La rebaja urgente de los tipos de interés en Estados Unidos es la cuarta en lo que va de año.
2）El Banco de Japón ha bajado este mes en dos ocasiones el tipo oficial de descuento.
3）El año pasado nuestro equipo conquistó［se proclamó campeón de］la liga por primera vez en los últimos 12 años y por cuarta vez en su historia.

表現86（*p. 136*）
1）El número de muertos por accidentes de tráfico bajó［descendió］por segundo año consecutivo.
2）El número de suicidios en Japón superó los treinta mil por tercer año consecutivo.
3）El precio del crudo ha renovado hoy su cotización más alta por décimo día consecutivo.

表現87（*p. 137*）

1） Los precios del terreno en Tokio se han duplicado en menos de tres años.

2） Ella vendió el terreno por el triple de lo que le había costado en su compra.

3） La tasa de accidentes mortales de camiones grandes es algo más de siete muertos por cada cien mil vehículos, aproximadamente veintitrés veces más que la de turismos.

表現88（*p. 139*）

1） El partido de fútbol entre Japón y Croacia terminó con empate a cero. / Japón y Croacia empataron a cero en el partido de fútbol.

2） La pareja japonesa derrotó a la pareja estadounidense en la final de dobles femeninos por 6–7, 6–2 y 9–7.

3） Tokio se impuso a Estambul en la votación final de la asamblea del COI（Comité Olímpico Internacional）al obtener 60 votos a favor y fue designada como sede de los Juegos Olímpicos de 2020.

表現89（*p. 140*）

1） Este país figura en octavo lugar［ocupa el octavo lugar］del mundo en cuanto a densidad de población.

2） Suecia es el primer país con menor tasa de mortalidad infantil por accidentes, y Japón ocupa el duodécimo lugar.

3） El Real Madrid encabeza la clasificación de la primera división de fútbol español.

表現90（*p. 142*）

1） Hoy es el cuadragésimo aniversario de la boda de mis padres.

2） En 2003 se celebró un ciclo de cine para conmemorar el centenario del nacimiento del director de cine Yasujiro Ozu.

3） La Olimpiada de Barcelona se celebró en 1992, año que coincidía con el quinto centenario de la llegada de Colón al Nuevo Continente.

表現91（*p. 143*）

1） El jefe de sección me pidió que clasificara por el orden del abecedario japonés［según el abecedario japonés］los nombres de los participantes.

2) Los documentos están ordenados siguiendo un orden cronológico y los más recientes están en la parte superior.
3) Los niños señalaron, por orden de preferencia, los tres animales que querían tener en casa.

表現92 (*p. 144*)
1) Es la primera vez que el gobierno fija el objetivo sobre la tasa de autosuficiencia alimentaria.
2) La atleta japonesa Naoko Takahashi rompió la barrera de las 2 horas y 20 minutos por primera vez en la historia del maratón femenino.
3) Por primera vez en la historia desde que empezaron a hacer las observaciones meteorológicas, se registró el martes 20 en Tokio una temperatura de 39,5 grados centígrados.

表現93 (*p. 146*)
1) La media de estatura de las japonesas es de un metro sesenta centímetros.
2) Las mujeres ganan por término medio un 20% menos que los hombres.
3) La media de clientes en los quioscos instalados en las grandes estaciones es de uno cada tres segundos.

表現94 (*p. 148*)
1) En 2011 se produjo en Fukushima el mayor y peor desastre nuclear de Japón.
2) En la primera subasta de pescado del año se adjudicó un atún pescado en la costa de Aomori, por el que ofrecieron trescientos treinta y tres millones seiscientos mil yenes, la cifra más elevada de la historia.
3) La población senil alcanzó en 2022 la cifra récord tanto en el número como en la proporción que ocupa en la población total.

表現95 (*p. 150*)
1) Ayer se registraron 15 grados de temperatura máxima y 2 grados de mínima en Kanazawa.
2) Salamanca alcanza en verano los 40 grados de temperatura.
3) Ahora tenemos 10 grados de temperatura y 20% de humedad y el

viento sopla a 2 metros por segundo.

表現96（*p. 152*）

1）El *Nozomi* 700 puede alcanzar los 285 kilómetros por hora, y realiza el trayecto Tokio-Hakata, de 1.176 kilómetros, en unas cinco horas.

2）La mayoría de los automóviles consumen un 18% más de gasolina a la velocidad de 100 kilómetros por hora que a la de 80 kilómetros por hora.

3）La velocidad máxima permitida en las autopistas es de 100 kilómetros por hora.

表現97（*p. 153*）

1）En las empresas japonesas el sueldo sube proporcionalmente al aumento de la edad.

2）La proporción de población anciana se está aproximando a un tercio del total de la población.

3）Se añade la mantequilla a la harina en una proporción de cincuenta gramos por cada kilo de harina.

表現98（*p. 155*）

1）El volumen de correo basura［correo comercial no deseado］ha subido en un año del 8% al 40% del total de mensajes recibidos por Internet.

2）El número de pisos nuevos construidos en la ciudad, que llegó a ocho mil en el período de mayor auge, descendió a menos de cinco mil el año pasado.

3）Los incrementos salariales de este año en Japón han quedado por debajo de la tasa de inflación.

表現99（*p. 158*）

1）En Japón son muchos los que vuelven a su pueblo natal en agosto en la época del *Obon*.

2）Hoy tenemos menos ocasiones de viajar en trenes nocturnos que hace veinte años.

3）El trigo japonés no es bueno para cocer pan, ya que es pobre en gluten, que le da elasticidad y viscosidad al pan.

第 6 章　時間・日付の表現

表現100（*p. 160*）

1）El asesinato se perpetró en la noche del domingo al lunes.

2）Todo el centro de la ciudad de Nagano quedó sin luz [sin suministro eléctrico] en la tarde de ayer durante cerca de cinco horas.

3）Ese templo está abierto al público de lunes a viernes, excepto los días festivos, de 10 a 15 horas [desde las 10 de la mañana hasta las 3 de la tarde].

表現101（*p. 163*）

1）Durante la próxima década [Durante los próximos diez años] la población mundial aumentará en unos mil millones de personas.

2）El dólar se mantuvo durante [a lo largo de] toda la mañana por encima de los 115 yenes.

3）El volumen total de bonos del Estado emitidos ha aumentado de forma preocupante durante los últimos seis años.

表現102（*p. 164*）

1）El mandato de los parlamentarios de la Cámara de Representantes es de cuatro años.

2）Me he matriculado en el curso trimestral de conversación española.

3）Las reservas de divisas de Japón disminuyeron en la primera mitad de 2022.

表現103（*p. 166*）

1）Tengo que vender mi casa en el plazo de tres meses.

2）Se producirá un gran terremoto en Tokio antes de que transcurran 20 años, según las previsiones del Consejo de Prevención de Desastres.

3）Las Fuerzas Armadas estadounidenses continúan [se mantienen] en alerta para poder enviar sus cazabombarderos en menos de quince minutos en prevención de otros ataques terroristas.

表現104（*p. 167*）

1）Más de trescientos mil japoneses han viajado al extranjero en lo que va de año.

2）El aumento de las tarifas del transporte que entró en vigor a partir de la semana pasada es ya el segundo que hacen en lo que va de año.
3）Lamentablemente se han producido muchos atentados terroristas en lo que va de siglo.

表現105（*p. 168*）
1）El descenso en el número de suicidios es el primero en seis años.
2）Por primera vez en los últimos treinta años, la región de Tohoku ha sido azotada este invierno por una ola de frío intenso, que ha causado grandes nevadas.
3）El metro de Nueva York ha vuelto a funcionar treinta y tres horas después del apagón.

表現106（*p. 169*）
1）El condenado a muerte lleva nada menos que 25 años de encarcelamiento.
2）Mi esposa está en el sexto mes de embarazo. /
Mi esposa está en estado, de seis meses. /
Mi esposa está embarazada de seis meses.
3）El tiempo pasa volando. Ayer él era un niño y ya es padre de tres hijos.

表現107（*p. 170*）
1）Él llegó a Perú con sus padres treinta años atrás, cuando aún era un niño.
2）El aeropuerto quedó sin luz veinte minutos antes de la salida de nuestro vuelo.
3）El director no hace ni cinco minutos que estaba aquí.

表現108（*p. 171*）
1）Él atracó un banco a los tres días de haber salido de la prisión.
2）Mis padres se divorciaron después［al cabo］de veinticinco años de matrimonio.
3）A los pocos años de vivir en Japón, ella se ha acostumbrado por completo a la vida de estilo japonés.

表現109（*p. 172*）
1）La Ley de Reciclaje de Electrodomésticos entró en vigor el 1 de abril

de 2001.
2）El Proyecto de Ley de Protección de Secretos de Estado fue aprobado el 6 de diciembre de 2013 en la Cámara Alta.
3）Este diploma no lleva fecha.

表現110（*p. 174*）
1）Trabajo desde el pasado abril sólo un sábado de cada mes.
2）A finales de 2022, Japón contaba con un millón seiscientos cincuenta mil desempleados.
3）Esta tienda cierra los segundos y cuartos miércoles de mes.

表現111（*p. 175*）
1）El Ayuntamiento ha decidido hacer una encuesta sobre la seguridad alimentaria a hombres y mujeres con edades comprendidas entre veinticinco y cincuenta años.
2）Los setenta y cinco años cumplidos era la edad de mi padre cuando murió.
3）La primera oveja clonada, Dolly, tenía seis años y medio cuando murió, mientras que una oveja normal puede vivir once o doce.

第７章　幾何学的表現

表現112（*p. 178*）
1）El túnel submarino de Seikan tiene 53,85 kilómetros de largo.
2）Necesito cuatro tablas［tableros］rectangulares de ochenta centímetros de largo por treinta de ancho para hacer la estantería.
3）La mancha de petróleo alcanzó una extensión de 36 kilómetros de largo por dos de ancho.

表現113（*p. 180*）
1）La Torre de Tokio tiene una altura de 333 metros. /
La altura de la Torre de Tokio es de 333 metros.
2）El edificio 1 del Ayuntamiento de Tokio es un rascacielos de cuarenta y ocho plantas y tres sótanos.
3）En el momento de la pérdida de contacto, el transbordador espacial *Columbia* sobrevolaba Texas a unos 62 kilómetros de altura, a una

velocidad aproximada de veinte mil kilómetros por hora.

表現114（*p. 181*）

1）Se ha descubierto un yacimiento de gas natural en el Mar de la China Oriental a dos mil metros de profundidad.

2）Los rapes viven en aguas profundas a una profundidad de entre 200 y 500 metros.

3）Según la Agencia Meteorológica, el terremoto tuvo su epicentro en el Mar de Japón, a 150 kilómetros al oeste de la Prefectura de Fukuoka y a una profundidad de nueve kilómetros.

表現115（*p. 182*）

1）El Ayuntamiento eliminó un carril para ganar dos metros más en la acera, que ahora tiene una anchura de cuatro metros.

2）Yakushima es una isla en forma casi circular con un perímetro de unos 130 kilómetros, unos 28 kilómetros de este a oeste y unos 24 de norte a sur.

3）El perímetro de una circunferencia de 8 centímetros de radio es de 50,24 centímetros.

表現116（*p. 183*）

1）Mi madre tiene una estatura superior a la media normal.

2）Ese luchador de sumo pesa 140 kilos, aproximadamente diez kilos menos que el peso medio de los luchadores que pertenecen a la primera división llamada *makuuch*i.

3）Mi perímetro torácico en espiración máxima es de noventa centímetros.

表現117（*p. 184*）

1）El nuevo ordenador portátil que acaba de ponerse a la venta no pesa más que dos kilos.

2）El petrolero encallado llevaba a bordo cincuenta mil toneladas de crudo.

3）Cuando una persona que pesa 65 kilos se pone a correr, pesa sobre cada pie una carga de cerca de 200 kilos. /
［...］, cada pie debe soportar una carga de cerca de 200 kilos.

表現118（*p. 185*）

1）El continente africano tiene forma de cráneo humano.

2）Minnajima es una diminuta isla en forma de cruasán con solo dos kilómetros cuadrados de superficie.

3）El archipiélago japonés tiene forma alargada de norte a sur.

表現119（*p. 187*）

1）La isla de Ibiza tiene［cuenta con］una superficie de 575 kilómetros cuadrados.

2）La Répubblica de El Salvador es un pequeño país con una superficie total de 21.040（veintiún mil cuarenta）kilómetros cuadrados.

3）La superficie quemada a causa de incendios provocados por el gran terremoto de Kanto alcanzó la cifra de unos 38 kilómetros cuadrados.

表現120（*p. 188*）

1）El volumen del monte Fuji alcanza nada menos que los 400 kilómetros cúbicos.

2）Este aparcamiento tiene capacidad para mil quinientos coches.

3）Koshien es un estadio de béisbol con capacidad para cincuenta y tres mil espectadores.

表現121（*p. 189*）

1）Bélgica tiene una densidad de 383 personas por kilómetro cuadrado, pero España apenas llega a las 100.

2）Las zonas urbanas tienen mayor densidad demográfica que las rurales.

3）La osteoporosis es una enfermedad caracterizada por la pérdida de densidad ósea, con lo que los huesos se vuelven frágiles［con lo que aumenta la fragilidad de los huesos］.

表現122（*p. 190*）

1）El vagón exclusivo para mujeres está a la cabecera o al final del tren.

2）Los parachoques del automóvil están montados en la parte delantera y trasera para proteger la carrocería.

3）Está prohibido aparcar coches delante del parque de bomberos.

表現123（*p. 193*）

1）La ciudad de Toledo está situada prácticamente en el centro de la

península Ibérica.
2) Nikko se halla a unos 120 kilómetros al norte de Tokio.
3) La isla de Pascua es una pequeña isla ubicada en medio del océano Pacífico Sur a 3.750 kilómetros de la costa chilena.

表現124（*p. 195*）
1) El Ayuntamiento de Asahikawa está situado a 142 grados 22 minutos 4 segundos de longitud este y 43 grados 46 minutos y 7 segundos de latitud norte, a 111 metros sobre el nivel del mar.
2) Barcelona está a 41 grados 25 minutos de latitud norte.
3) La cima del monte Takao está situada a unos 600 metros sobre el nivel del mar.

表現125（*p. 196*）
1) El museo está a la misma distancia de Shibuya que de Harajuku.
2) Debido a la niebla, la visibilidad solo era de 50 metros. /
Con la niebla solo teníamos visibilidad a 50 metros.
3) La estrella Antares del Escorpión se encuentra［está］situada a unos 500 años luz de la Tierra.

表現126（*p. 197*）
1) El remolino del tifón se mueve en sentido contrario a las agujas del reloj.
2) El japonés puede escribirse tanto verticalmente, de arriba abajo, como horizontalmente, de izquierda a derecha.
3) Las calles del centro de la ciudad de Sapporo están ordenadas como una tabla cuadriculada.

第８章　表現力の向上をめざして

表現127（*p. 200*）
1) El rascacielos incendiado corre el peligro de derrumbarse［desplomarse, caerse］. /
El rascacielos incendiado puede venirse abajo.
2) En 2028 se celebrarán［tendrán lugar］en Los Ángeles los Juegos Olímpicos.

3）La primera Exposición Universal del siglo XXI（veintiuno）se inauguró ［abrió sus puertas］ en marzo de 2005 en Aichi.

表現128（*p. 201*）

1）Este año se han producido muchos incendios forestales en España. / Este año España ha sufrido muchos incendios forestales.

2）La falta de lluvias causó grandes daños en la agricultura de esta región. /
La agricultura de esta región sufrió grandes daños debido a la falta de lluvias.

3）El problema de las pensiones no tiene fácil solución. /
El problema de las pensiones presenta difícil solución. /
No se puede solucionar fácilmente el problema de las pensiones.

表現129（*p. 202*）

1）Ese país está lejos de conseguir su democratización si se tienen en cuenta las circunstancias políticas en que se encuentra.

2）El proyecto de presupuestos para el año que viene está lejos de eliminar el déficit acumulado.

3）Los coches eléctricos aún están lejos de extenderse en el actual mercado de automóviles.

表現130（*p. 203*）

1）El aumento de la presión arterial exige un mayor esfuerzo del corazón.

2）El enfriamiento del cuerpo reduce la resistencia a las infecciones.

3）Tuve una neumonía que me mantuvo ［retuvo］ tres semanas en cama. /
Tuve que guardar cama durante tres semanas debido a la neumonía.

表現131（*p. 204*）

1）Nos turnamos al volante hasta llegar al lago Towada.

2）Dos niños fueron arrastrados por grandes olas frente a los ojos de sus padres.

3）El sector industrial más afectado por los recortes de plantilla realizados entre enero y abril es el de las telecomunicaciones, que despidió a 91.799 empleados.

表現132（*p.205*）

1）Si no estudias en serio, vas a repetir el curso.

2）La policía no tomó en serio las amenazas del secuestrador.

3）Ella dijo, mitad en broma y mitad en serio, que pensaba pasar su ancianidad en México después de jubilarse.

表現133（*p.206*）

1）Como son más de las diez, no estás a tiempo de tomar el último tren bala para Osaka.

2）Usted aún está a tiempo de cancelar la reserva.

3）Nuestra empresa todavía está a tiempo de evitar lo peor.

表現134（*p.207*）

1）El presidente montó en cólera y se marchó a mitad de la reunión.

2）De camino al aeropuerto, me llamaron al móvil［al celular］por un asunto urgente.

3）El grupo de turistas estaba a medio camino de Hakata, pero tuvo que regresar a Osaka debido al tifón que se acercaba.

表現135（*p.208*）

1）Los indígenas del continente americano han sido objeto de discriminación racial durante siglos.

2）La censura de esa película ha sido motivo de controversia.

3）Los progresos tecnológicos son fruto de esfuerzos constantes y numerosos fracasos de los científicos.

表現136（*p.209*）

1）Visité Toledo a mi paso por Madrid. /
Aproveché el viaje a Madrid para visitar Toledo.

2）Mi abuelo aprovecha su paseo matinal para sacar fotos de aves silvestres. /
Mi abuelo saca fotos de aves silvestres durante su paseo matinal.

3）Aprovechamos la reforma de la cocina para comprar una nevera nueva.

表現137（*p.210*）

1）El presunto autor se confesó culpable en el interrogatorio realizado por la policía [en el interrogatorio que le hizo la policía] durante cinco días.

2) El presunto autor ignoró la mirada que le echó el fiscal.

3) La sanción económica impuesta por Estados Unidos a Cuba impide el desarrollo de la economía cubana.

表現138 (*p. 212*)

1) Las cerezas constituyen un importante producto agrícola de la Prefectura de Yamagata.

2) Los yacimientos petrolíferos constituyen la mayor riqueza de los países del Oriente Próximo.

3) La descodificación del genoma humano llevada a cabo en 2001 supuso un gran acontecimiento en la biología actual.

表現139 (*p. 214*)

1) Las cifras que van entre paréntesis indican el número de vuelo.

2) La carta iba dirigida al secretario general de la ONU.

3) Este coche va equipado con un motor de ocho cilindros en V y 4.200 centímetros cúbicos de potencia.

スペイン語索引

（数字は頁数）

【E】

【F】

【G】

【H】

【I】

【J】

【L】

【M】

【N】

【O】

【P】

【Q】

【R】

【S】

【T】

【V】

【Z】

日 本 語 索 引

（数字は頁数）

【う】

【え】

【お】

【か】

【き】

【さ】

【し】

【く】

【け】

【こ】

索引

【す】

【せ】

【そ】

【た】

【ち】

【な】

【に】

【ぬ】

【ね】

【の】

【は】

【ひ】

【ふ】

【る】

【れ】

【ろ】

【わ】

著者紹介

小池和良（こいけ　かずみ）

1952年生まれ
東京外国語大学大学院修士課程修了
スペイン国立通信教育大学博士課程修了（スペイン文学博士）
現　在：拓殖大学外国語学部教授
専　攻：スペイン語学
著　書：『小学館和西辞典』（共編，小学館）
　　　　『〈新版〉スペイン語作文の方法［構文編］』（三修社）
　　　　Colocaciones léxicas en el español actual（アルカラ大学/拓殖大学）ほか
編訳書：『スペイン語会話　クイックレファレンス』（共訳編，第三書房）

〈新版〉スペイン語《ご》作《さく》文《ぶん》の方法《ほうほう》［表現編《ひょうげんへん》］音声《おんせい》DL対応《たいおう》

2023年2月20日　　第1刷発行

著　者　小池和良
発行者　前田俊秀

発行所　株式会社 三修社
　　　　〒150-0001 東京都渋谷区神宮前2-2-22
　　　　TEL 03-3405-4511　FAX 03-3405-4522
　　　　振替　00190-9-72758
　　　　https://www.sanshusha.co.jp
　　　　編集担当　松居奈都

印刷製本　日経印刷株式会社

ISBN 978-4-384-06067-6 C1087
ブックデザイン・DTP　フログラフ
編集協力　益邑沙季